UN NUEVO COMIENZO

CRECIENDO HACIA ADENTRO

EL PROCESO DEL NUEVO CREYENTE

Convirtiéndose en un miembro de nuestra familia de la iglesia

Nuestra Misión

Llamados a traer el poder sobrenatural de Dios a esta generación.

Un Nuevo Comienzo
El Proceso del Nuevo Creyente
Creciendo hacia adentro

Primera Edición 2022

ISBN: 978-1-61576-010-7

Producido por: University of the Supernatural Ministry (USM)

Director del Proyecto: Adrián Ramírez

Editor General: José M. Anhuaman

Editores y traductores:
Gloria Zura
Vanesa Vargas
Jennifer Umpierres

Diseño de Portada: Álvaro Flores

Categoría: El Reino de Dios

Publicado por:
Ministerio Internacional El Rey Jesús
14100 SW 144 Ave. Miami, FL 33186
Tel: (305) 382-3171 – Fax: (305) 675-5770

Impreso en los Estados Unidos de América

ÍNDICE

Información
ÚTIL PARA LOS MAESTROS

Los siguientes son algunos consejos útiles para que tanto el maestro como el alumno puedan aprovechar lo mejor de este manual. De este modo, ambos tendrán más herramientas para estudiar, cumpliendo así con el propósito del mismo.

ANTES DE EMPEZAR LA CLASE

- El maestro preguntará si hay algún estudiante nuevo.
- Tomará 2 o 3 testimonios de la clase anterior.

OBJETIVOS

Los objetivos de cada clase están diseñados para ayudarle a orientar la misma hacia un fin específico y claro. Si el maestro da su enseñanza pensando en los alumnos, le será más fácil mantener el enfoque y no permitirá que nada lo desvíe del tema central.

PASAJES BÍBLICOS

En todas las lecciones encontrará pasajes bíblicos aplicables a la clase. Algunos están completamente copiados y citados; en otros solo se toma la porción de la Escritura que sirve específicamente para la enseñanza; y en otros más, solo aparece la cita bíblica; por ejemplo (Vea Hebreos 9:12). Estas son herramientas adicionales que le ayudan a comprender mejor el tema.

PREGUNTAS

En cada clase encontrará tres tipos de preguntas. El primer grupo, incluye interrogantes que ayudarán al maestro a introducir de manera sencilla algunos puntos importantes de la lección; todas estas preguntas invitan al alumno a analizar lo aprendido, e incluyen líneas para que el alumno responda brevemente. El segundo grupo de preguntas serán hechas por el maestro al final de la clase; esto motivará a los alumnos a estar atentos. El tercer grupo incluye preguntas de reflexión, después de leer ciertos pasajes de la Biblia; estas preguntas están incluidas como tarea para afirmar las lecciones.

ACTIVACIÓN

Luego de terminar la clase y de contestar las preguntas, el maestro debe impartir a los alumnos según el área que ha enseñado. Maestro, siéntase libre de seguir la voz del Espíritu Santo, conservando el orden divino.

En cada clase debe establecerse el patrón de El Rey Jesús, que es el siguiente:

- Presencia de Dios (Esta se atrae con oración y ayuno).
- Palabra con impartición (Se recibe de Dios en los servicios, clases, y durante el tiempo que usted dedica al estudio de la Palabra y la comunión con el Espíritu Santo).
- Almas (El maestro impartirá en cada clase el amor de Dios por los perdidos).
- Diezmos y ofrendas (No se incluye en los anuncios, sino que forma parte de nuestra adoración a Dios).

- Al final de la clase, el maestro orará por las necesidades personales de los estudiantes. Ministrará salvación, milagros, profecía, liberación, sanidad, finanzas, familia, paz y gozo, conforme el Espíritu le guíe.

- Pedirá a los alumnos que para la siguiente clase inviten a una persona.

TAREA MENSUAL

Cada estudiante debe ganar, al menos, un alma para Cristo al mes. Escribirá un breve reporte sobre esa experiencia y la entregará al maestro.

El proceso del nuevo creyente

A continuación, presentamos las clases que el Nuevo Creyente debe tomar para convertirse en miembro, así como la recompensa que obtendrá al completar este proceso.

CRECIENDO HACIA ADENTRO

SEMANA 1

1- La revelación de Jesús I.
2- La revelación de Jesús II.

SEMANA 2

3- La experiencia del nuevo nacimiento.
4- El pecado y sus consecuencias.

SEMANA 3

5- El verdadero arrepentimiento y la conversión.
6- La muerte de Jesús I.

SEMANA 4

7- La muerte de Jesús II.
8- El proceso de limpieza del creyente.

CRECIENDO HACIA ARRIBA

SEMANA 5

1- Conociendo a Dios como Padre.
2- Cómo tener oraciones contestadas I.

SEMANA 6

3- Cómo tener oraciones contestadas II.
4- ¿Qué es la verdad?

SEMANA 7

5- La fe en Jesús.
6- La resurrección de Jesús I.

SEMANA 8

7- La resurrección de Jesús II.
8- El mandamiento de congregarse.

CRECIENDO HACIA AFUERA

SEMANA 9

1- La persona del Espíritu Santo.
2- El bautismo en el Espíritu Santo.

SEMANA 10

3- La voluntad de Dios es sanar I.
4- La voluntad de Dios es sanar II.

SEMANA 11

5- Por qué la Casa de Paz.
6- Conectándose a una Casa de Paz.

SEMANA 12

7- Cómo compartir su testimonio.
8- Cómo compartir su testimonio (Práctica).

RECOMPENSAS PARA MIEMBROS

- Reciben un diploma de miembro.
- Son presentados a la congregación.
- Pueden asistir a las reuniones de discipulado.
- Pueden servir en los departamentos del nivel 1.

Valores de nuestra casa

Este manual contiene enseñanzas bíblicas y revelación del Espíritu Santo de Dios para la edificación y transformación de las personas que la reciben. Es nuestra oración que ésta sea una valiosa herramienta en las manos de pastores, líderes y creyentes en todas partes del mundo, para que juntos expandamos el Reino de Dios, proclamando que Jesucristo es Señor para la gloria de Dios Padre.

Apóstol Guillermo Maldonado

La visión está fundamentada o sostenida por los valores del Reino. De otra manera, no seguiría el diseño de Dios. Los valores que sostienen nuestra casa son:

1. **Dios.** Creemos que es un Dios trino: Dios Padre, Dios Hijo y Dios Espíritu Santo, el cual es uno. A Él amamos con toda nuestra alma, espíritu y mente, y con todas nuestras fuerzas. Él es la prioridad de nuestro amor, obediencia y adoración, sobre todas las cosas.

   Amarás al Señor tu Dios con todo tu corazón, y con toda tu alma, y con todas tus fuerzas, y con toda tu mente; y a tu prójimo como a ti mismo. (Lucas 10:27)

2. **La familia.** Creemos en la familia como un eslabón principal en el Reino de Dios, y en el matrimonio solamente entre un hombre y una mujer. (Vea Génesis 1:27).
3. **El valor de la Palabra de Dios.** Creemos en las Escrituras como la verdad absoluta, total e inspirada por Dios, que es el fundamento para nuestra vida (vea 2 Timoteo 3:16). Nos comprometemos a ponerla por obra. (Vea Santiago 1:22).
4. **Creemos también que el Reino de Dios** es el gobierno invisible, absoluto y verdadero de Dios. Hacer su voluntad es nuestra pasión y deseo. Creemos y practicamos sus valores, principios, mentalidad y leyes. (Vea Hebreos 12:28).
5. **Pasión por el progreso.** El deseo de Dios es que prosperemos en todo. Por eso, el crecimiento constante es un valor para nosotros; madurar, progresar, ir a otras dimensiones y niveles de visión, fe, unción, gloria y bendición. (Vea 3 Juan 1:2).
6. **El valor de la transferencia generacional.** Creemos que nuestro Dios es un Dios trigeneracional: el Dios de Abraham, de Isaac y de Jacob, y que los padres tienen la habilidad y la gracia de impartir a sus hijos espirituales y naturales, todo aquello que hayan alcanzado: herencia material, emocional y espiritual. (Vea, por ejemplo, Éxodo 3:15; Deuteronomio 30:19; Lucas 1:50).

7. **El propósito.** Creemos que todo ser humano nació y fue creado por Dios con un propósito. Cuando descubre su propósito y lo desarrolla, deja un legado en la tierra. Entonces puede decirse que esa persona tuvo éxito en la vida. (Vea Eclesiastés 3:11).
8. **El carácter de Cristo.** Creemos que la meta de todo hombre y mujer en la tierra es, cada día, formar más el carácter de Jesús en su vida. Es decir, ser lleno de bondad, integridad, humildad, temor de Dios, santidad y madurez. Creemos que Jesús es nuestro modelo, al cual tenemos que imitar, honrar, glorificar, adorar y seguir. (Vea Romanos 8:29).

Declaración de fe

La Biblia. Creemos que la Biblia es la Palabra de Dios inspirada, infalible e inmutable, desde Génesis hasta Apocalipsis. (Vea 2 Timoteo 3:16).

Un Dios en tres personas. Creemos en Dios Padre, Dios Hijo y Dios Espíritu Santo, y que los tres son uno. (Vea 1 Juan 5:7).

La deidad de Jesucristo. Creemos que Jesucristo es el Unigénito Hijo de Dios, nacido de una mujer virgen; que fue crucificado, murió y resucitó al tercer día; ascendió a los cielos y ahora está sentado a la diestra de Dios el Padre. (Vea, por ejemplo, Isaías 7:14; Lucas 1:30-35; Hechos 2:32-36).

La salvación. Creemos que la salvación se obtiene por medio del arrepentimiento y la confesión de pecados; es dada por gracia divina (no por obras) y se recibe por la fe en Cristo Jesús; pues Él es el único mediador entre Dios y los hombres. (Vea, por ejemplo, Hechos 4:11-12; Efesios 2:8; 1 Timoteo 2:5).

La resurrección de los muertos y la vida eterna. Creemos en la segunda venida de Cristo por su pueblo, que todos los muertos resucitarán (salvos y no salvos); que los cristianos que estén vivos serán arrebatados por Jesús, y que todos pasarán por el juicio de Dios. Los creyentes tendrán vida eterna con Jesús y comparecerán ante el tribunal de Cristo, mientras que los incrédulos resucitarán para condenación eterna y serán juzgados en el Gran Trono Blanco de Dios. (Vea, por ejemplo, Daniel 12:1-2; 1 Tesalonicenses 4:13-17; Romanos 14:10; Apocalipsis 20:11-15).

La santificación. Creemos en la santificación como una obra instantánea en el espíritu, pero que, también, debe ser desarrollada progresivamente en el alma y en el cuerpo de todo hijo de Dios. (Vea, por ejemplo, Hebreos 12:14; Romanos 6:19-22).

Creemos en el bautismo en el cuerpo de Cristo, por el cual la persona acepta a Jesús, tiene un nuevo nacimiento y forma parte del cuerpo de Cristo y de Su vida eterna. (Vea 1 Corintios 12:27).

Creemos en el bautismo en aguas, como símbolo de identificación con la muerte al pecado, y con la resurrección de Jesús para vida eterna. (Vea Romanos 6:4).

Creemos en el bautismo en el Espíritu Santo, con la evidencia de hablar en otras lenguas, y que a través de este bautismo se recibe el poder para ser testigo de Jesús por todo el mundo. (Vea, por ejemplo, Hechos 1:8; 2:4).

La imposición de manos. Creemos que ésta es una de las maneras de transmitir bendición, sanidad y poder de Dios, de un ser humano a otro. (Vea, por ejemplo, Hechos 8:15-17; 1 Timoteo 4:14; 2 Timoteo 1:6).

Los cinco ministerios. Creemos en los cinco ministerios de Efesios 4:11, como los dones dados por Dios al cuerpo de Cristo. (Vea Efesios 4:11-12).

Los ministerios gubernamentales. Creemos que el apóstol y el profeta son ministerios gubernamentales que establecen el fundamento y la doctrina bíblica de la iglesia. (Vea Efesios 2:20; 3:5).

El gobierno apostólico. Creemos en establecer el gobierno apostólico en la iglesia local, con un apóstol como cabeza, un profeta como parte del gobierno, ministros y ancianos. (Vea, por ejemplo, Efesios 4:11 y Hechos 14:23).

El Reino de Dios. Creemos en el Reino de Dios como gobierno y en la persona de Jesús como Rey, como dos verdades absolutas y máximas. (Vea, por ejemplo, Juan 3:3; Hechos 8:12; Romanos 5:17; Hebreos 12:28).

El poder sanador y liberador del Reino. Creemos en el poder del Reino para sanar a todos los enfermos, echar fuera demonios y hacer milagros, maravillas, señales y prodigios. (Vea, por ejemplo, Marcos 1:32-34; Juan 14:12; Mateo 12:28).

La fe. Creemos que sin fe es imposible vivir una vida agradable a Dios, y que por ella se heredan las promesas. (Vea Hebreos 6:12; 11:6).

Predicar el evangelio. Creemos en expandir el evangelio del Reino de forma local, nacional y mundial, por todos los medios disponibles. (Vea Mateo 24:14).

Introducción

¡Felicidades y bienvenidos a la familia de Dios!

Recibir a Jesús es el evento más importante en la vida de una persona. Es tan importante que se considera como un segundo nacimiento, pues usted pasa de estar en rebelión contra Dios a ser un hijo de Dios. Usted nació en lo natural, pero ahora nace en lo espiritual. Cuando una persona nace, necesita alimento adecuado para poder crecer y desarrollarse naturalmente. Lo mismo ocurre en el ámbito espiritual.

Este manual está diseñado para proporcionarle alimento espiritual básico, para que usted se pueda desarrollar en las cosas espirituales de una manera sana. Al participar de estas enseñanzas, aprenderá más y más acerca de Jesús, quien cambió la historia de la humanidad y sigue cambiando las vidas de mucha gente. A través de estas lecciones encontrará preguntas de reflexión, lecturas bíblicas y tareas que serán de gran bendición para su vida.

El secreto más grande de la humanidad es que a medida que se alinee a la voluntad de Dios, más paz, gozo, bendición y victorias verá en su vida, a pesar de las situaciones que tenga que enfrentar.

Es la voluntad de Dios tener comunión con cada uno de nosotros, pero la decisión de continuar aprendiendo y creciendo para ser un discípulo de Cristo es algo muy personal.

Oramos que el Señor Jesús abra sus ojos, lo transforme y lo sorprenda. ¡Lo mejor de su vida está por delante!

Apóstol Guillermo Maldonado
Ministerio Internacional El Rey Jesús
Miami, Florida, EE. UU.

CLASE 1

La revelación de Jesús I

OBJETIVO

- Obtener revelación acerca de la persona de Jesús.

Esta enseñanza fue recibida de parte de Dios por el Apóstol Guillermo Maldonado, con el propósito de transformar las vidas de quienes la reciben. El maestro debe apegarse a los objetivos y contendido de cada clase, **enseñando 45 minutos** y **ministrando 15 minutos**. Seguir estas instrucciones traerá disciplina al maestro y cambios radicales para todos.

La revelación de Jesús I

Jesús está vivo y sigue actuando aquí y ahora. Sin embargo, la mayoría de personas en el mundo tienen conceptos e ideas equivocadas acerca de Él. Son pocos los que entienden por qué murió en la cruz y todas las derivaciones espirituales de Su muerte. Por eso, no experimentan en sus vidas personales los beneficios que desataron la muerte y resurrección de Jesús. Viven una vida común y corriente. Quizá usted, como muchos otros, ha oído acerca de Su historia, pero hoy aprenderá quién es Él, y cómo es capaz de cambiar nuestras vidas.

PREGUNTA:
¿Qué conoce usted acerca de Jesús?
Tome unos minutos para escribir su respuesta.

____

____

____

____

¿Por qué hay tanta gente que no conoce a Jesús?

No lo conocen porque Satanás —el "dios" de este siglo— ha cegado el entendimiento humano.

> *Pero si nuestro evangelio está aún encubierto, entre los que se pierden está encubierto; en los cuales el dios de este siglo cegó el entendimiento de los incrédulos, para que no les resplandezca la luz del evangelio de la gloria de Cristo, el cual es la imagen de Dios.*
>
> **(2 Corintios 4:3-4)**

La mayoría de religiones en el mundo reconocen a Jesús como un hombre bueno, justo, un profeta, un maestro, un filósofo y hasta una leyenda. Incluso, muchos cristianos, conocen solo al Jesús histórico. Sin embargo, se necesita revelación para conocer al Dios vivo que sigue sanando enfermos, liberando a los oprimidos por el diablo, proveyendo para todos, etcétera.

Todo el mundo sabe algo acerca de Jesús, pero pocos tienen la revelación de quién es Él realmente.

¿Qué necesita esta generación para creer en Jesús?

Necesita evidencias. Para que esta generación crea en Jesús, necesita verlo manifestado en el ahora. Debemos predicar a Jesús con revelación de quién es Él, aquí y ahora. La iglesia primitiva lo hacía así; por eso, el apóstol Pablo le escribió a los corintios:

> *Pues me propuse no saber entre vosotros cosa alguna sino a Jesucristo, y a este crucificado. Y estuve entre vosotros con debilidad, y mucho temor y temblor; y ni mi palabra ni mi predicación fue con palabras persuasivas de humana sabiduría, sino con demostración del Espíritu y de poder, para que vuestra fe no esté fundada en la sabiduría de los hombres, sino en el poder de Dios.*
>
> **(1 Corintios 2:2-5)**

Muchos predicadores enseñan acerca de Jesús aun cuando desconocen Su persona. Incluso, la mayoría de los teólogos, hablan de Jesús sin haberlo experimentado. Solo cuando experimentamos a Jesús por medio de encuentros personales, podemos empezar a conocerlo, porque Él se revela a nosotros y nos atrae hacia Él.

> *Y yo, si fuere levantado de la tierra, a todos atraeré a mí mismo.*
>
> **(Juan 12:32)**

Las preguntas que la humanidad se hace, siglo tras siglo, son:

- ¿Quién es ese Jesús de Nazaret que dividió la historia de la humanidad en dos?
- ¿Quién es ese Jesús que nació de una mujer virgen, caminó sobre las aguas, alimentó a las multitudes, sanó a los enfermos, resucitó muertos y echó fuera demonios?

- ¿Quién es ese Jesús que murió en una cruz, resucitó al tercer día tal como había prometido, y ha transformado la vida de millones de personas en más de 21 siglos?

PREGUNTA:
¿Ha recibido usted un milagro, o conoce a alguien que haya experimentado algún suceso sobrenatural? Cuéntenos.

Tome unos minutos para escribir su respuesta.

El Hijo de Dios es un personaje que genera controversias. El mundo está lleno de grandes defensores del Mesías anunciado en la Escritura, pero también de muchos detractores. Millones lo aman tanto que son capaces de dar su vida por no negarlo, pero también hay millones que lo rechazan, a tal grado, que están dispuestos a dar su vida por deshacerse de Él y de Sus seguidores.

¿Quién es Jesús para usted?

Esta pregunta es tan significativa que incluso Jesús se la hizo a Sus discípulos. Leamos el relato que aparece en Mateo 16.

> *Viniendo Jesús a la región de Cesarea de Filipo, preguntó a sus discípulos, diciendo: ¿Quién dicen los hombres que es el Hijo del Hombre? Ellos dijeron: Unos, Juan el Bautista; otros, Elías; y otros, Jeremías, o alguno de los profetas. Él les dijo: Y vosotros, ¿quién decís que soy yo? Respondiendo Simón Pedro, dijo: Tú eres el Cristo, el Hijo del Dios viviente. Entonces le respondió Jesús: Bienaventurado eres, Simón, hijo de Jonás, porque no te lo reveló carne ni sangre, sino mi Padre que está en los cielos. Y yo también te digo, que tú eres Pedro, y sobre esta roca edificaré mi iglesia; y las puertas del Hades no prevalecerán contra ella. Y a ti te daré las llaves del reino de los cielos; y todo lo que*

> *atares en la tierra será atado en los cielos; y todo lo que desatares en la tierra será desatado en los cielos.* **(Mateo 16:13-19)**

Aquí debemos ser más precisos. No se trata solamente de saber quién es Jesús para mí o para usted, sino que debemos conocer quién es Él en verdad. No es una conclusión basada en nuestras opiniones, sino en lo que Jesús dijo y demostró acerca de Sí mismo.

¿A qué vino Jesús a la tierra?

En el tiempo que Jesús caminó sobre la tierra, muchos pensaron que sería el revolucionario que expulsaría a los romanos del territorio israelí, pero Jesús no vino para acabar con el imperio romano, Él vino a salvar a la raza humana. Al morir Jesús, el pecado que impedía que el hombre se acercara a Dios fue quitado. Por medio de Su obra terminada en la cruz, Jesús reconcilió a la humanidad con Dios el Padre, ya que esta relación había sido rota en el huerto de Edén, a causa del pecado de desobediencia de la primera pareja humana.

Esto dicen las Escrituras:

> *Porque el Hijo del Hombre vino a buscar y a salvar lo que se había perdido.* **(Lucas 19:10)**

> *Pues para que sepáis que el Hijo del Hombre tiene potestad en la tierra para perdonar pecados (dice entonces al paralítico): Levántate, toma tu cama, y vete a tu casa.* **(Mateo 9:6)**

PREGUNTA:
¿Cuál fue el resultado de la muerte de Jesús en la cruz?
Tome unos minutos para escribir su respuesta.

Jesús el Mesías

La expresión "Hijo del hombre" es un código hebreo que hace referencia al "Mesías", quien es un ser sobrenaturalmente empoderado con capacidades divinas para hacer lo imposible. Para entender esto debemos conocer primero que el Nuevo Testamento fue escrito originalmente en griego. La palabra griega que se traduce como "Mesías" es *Cristo*, que significa Ungido, Señor, Rey, Gobernante. "Cristo" no es un nombre, sino un título. Un título alude siempre a una función o un propósito. Para los hebreos, el Mesías no tenía que ser Dios, sino un ser humano ungido por Dios con un propósito específico (vea 1 Samuel 2:35). Por eso, cuando Jesús habló con la samaritana...

> *Le dijo la mujer: Sé que ha de venir el Mesías, llamado el Cristo; cuando él venga nos declarará todas las cosas. Jesús le dijo: Yo soy, el que habla contigo.* [...] *Entonces la mujer dejó su cántaro, y fue a la ciudad, y dijo a los hombres: Venid, ved a un hombre que me ha dicho todo cuanto he hecho. ¿No será este el Cristo?*
>
> **(Juan 4:25-26, 28-29)**

Volviendo a las preguntas que Jesús les hizo a Sus discípulos acerca de quién era, la interrogante que casi todos respondieron fue *"¿quién dicen los hombres que es el hijo del Hombre?"* (Mateo 16:13). *"Ellos dijeron: Unos, Juan el Bautista; otros, Elías; y otros, Jeremías, o alguno de los profetas"* (v.14). Pero cuando Jesús les preguntó: *"Y vosotros, ¿quién decís que soy yo?"* (v.15), todos quedaron en silencio. En realidad, Él les estaba diciendo: "Yo quiero saber quién creen ustedes que soy Yo. No me interesa lo que el mundo piensa. Necesito saber lo que mis discípulos creen de Mí; porque ustedes conocen las Escrituras, han visto los milagros y han andado conmigo todos estos años".

Pedro tuvo el valor de contestar esa pregunta. *"Respondiendo Simón Pedro, dijo: Tú eres el Cristo, el Hijo del Dios viviente"* (v.16).

¡Esa respuesta fue la correcta! Todos debemos llegar a tener la revelación de quién es Jesús, tal como lo hizo Pedro.

PREGUNTA

Para usted ¿qué es revelación?

Tome unos minutos para escribir su respuesta.

Para conocer quién es Jesús necesitamos revelación, porque el conocimiento de Cristo viene directamente del Espíritu Santo a nuestro espíritu. No viene por conocimiento humano, por estudiar teología o por vivir en un convento. Con la mente solo podemos conocer al Jesús histórico. Sin embargo, nuestro espíritu trasciende el saber humano y reconoce al Hijo de Dios que estuvo presente en el momento de la creación (vea Génesis 1:26). Sin esa revelación no podemos nacer de nuevo ni ser transformados. Jesús dijo:

> *Muchos me dirán en aquel día: Señor, Señor, ¿no profetizamos en tu nombre, y en tu nombre echamos fuera demonios, y en tu nombre hicimos muchos milagros? Y entonces les declararé: Nunca os conocí; apartaos de mí, hacedores de maldad.* **(Mateo 7:22-23)**

Como vemos en la Escritura, ayer como hoy, hay hombres que hacen milagros y echan fuera demonios sin conocer a Jesús. Ellos no están sometidos al Señorío de Cristo ni tienen relación con Él. En el pasaje de arriba, esos hombres echaban fuera demonios en el nombre de Jesús, a quien no conocían ni tenían revelación de quién era. Por eso, Jesús los desechó diciendo, "*Nunca os conocí; apartaos de mí, hacedores de maldad*" (v.23).

Ninguna de las grandes religiones del mundo necesita que sus seguidores tengan una relación personal con su fundador ni que estén sometidos a él. Es más, todos esos líderes están muertos, pero el cristianismo es diferente. Aquí usted tiene que reconocer a Jesús (el fundador) como su Señor y salvador, y debe tener una relación personal con Él; de otra manera no funciona.

El fundamento del cristianismo es Jesús de Nazaret, fuera de Él nada existe.

PREGUNTA

¿Cuál es la gran diferencia entre el cristianismo y otras religiones?

Tome unos minutos para escribir su respuesta.

Conclusión

Estos son los días en los que debe saber quién es Jesús. Tanto usted como su familia necesitan tener una experiencia personal con el Hijo del Hombre, el Mesías ungido por el Padre para tener vida eterna.

> *Y esta es la vida eterna: que te conozcan a ti, el único Dios verdadero, y a Jesucristo, a quien has enviado.* **(Juan 17:3)**

TESTIMONIO

El siguiente es el testimonio de Sandeep, un empresario hindú de 33 años, padre de familia, que solo creía en sus dioses, pero necesitaba un milagro que únicamente Jesús le podía dar:

> *"Nací en una familia hindú y a los catorce años, mi tío me introdujo a la inmoralidad sexual. Esto me llenó de temor y me aisló de amigos y familia. No podía compartir esto con nadie, menos con mis padres. ¡Estaba atrapado y sin ayuda! El tiempo pasaba y no podía dejar la inmoralidad, a pesar de mis esfuerzos. Así que empecé a buscar una solución consultando ídolos y astrólogos. Pasé tres años estudiando astrología. Leía horóscopos, usaba piedras astrológicas, mantras, rituales, pero nada funcionó. La astrología da un diagnóstico del problema, pero no brinda un remedio. Mientras tanto, la crisis del negocio familiar me llevó a los Estados Unidos en busca de nuevas oportunidades. Allí, Jesús comenzó a revelarse a través de las circunstancias y la gente, una y otra vez. Yo era un hindú devoto y huía de los cristianos, pero seguía buscando la verdad y una salida. Durante un año oré a Saibaba (un dios hindú) sin obtener respuesta alguna. Entonces, me encontré con un amigo de la infancia, de la India, que era cristiano. Dios lo usó a él para revelarme a Jesús. Al reconocer que Jesús es la verdad y que me había seguido con Su amor, comencé a llorar y le entregué mi vida. Todo lo que sé es que cuando clamé a Dios, Jesús apareció. Él me liberó de la inmoralidad sexual y la adoración a los ídolos. Hoy sé que Jesús es el camino, la verdad y la vida. Por Su gracia*

estoy bendecido y felizmente casado con una mujer maravillosa, y ambos lo servimos".

PREGUNTAS FINALES

- ¿Qué revelación tiene ahora acerca de quién es Jesús?
- ¿Está listo para tener un encuentro personal con su Salvador?
- ¿Quiere reconocer a Jesús como su Señor y Salvador?

ACTIVACIÓN

- El maestro guiará a los estudiantes a hacer la profesión de fe para afirmar su fe en Cristo, quien es el Hijo de Dios y el Mesías. Les pedirá que repitan en voz alta:

  "Padre Celestial, yo reconozco que soy un pecador y que mi pecado me separa de Ti. Me arrepiento de todos mis pecados y confieso a Jesús como mi Señor y Salvador. Confieso con mi boca y creo con mi corazón que Dios el Padre levantó a Jesús de entre los muertos, por el poder de Su Espíritu Santo. Señor Jesús, entra en mi corazón y transforma mi vida. El día que yo muera, al abrir mis ojos, sé que estaré en tus brazos. ¡Amén!"

- Luego, los llevará a hacer el compromiso de buscar a Dios en oración, todos los días, a fin de tener encuentros personales que les traigan la revelación de quién es Jesús en el ahora.

TAREA

- Repase estos puntos importantes de la clase:
  - La gente no conoce a Jesús porque Satanás ha cegado su entendimiento.
  - Esta generación necesita evidencias visibles y tangibles para creer en Jesús. Necesita conocer al Jesús del ahora, no solo al Jesús histórico.
  - Jesús es el Hijo del Dios viviente.
  - Jesús vino a la tierra a salvar a los que están perdidos a causa del pecado, y a reconciliarlos con el Padre celestial.
  - "Mesías" quiere decir Ungido, Señor, Rey y Gobernante que viene a salvar al pueblo de Dios.

- Necesitamos la revelación de quién es Jesús. Nuestra mente no alcanza a entenderlo; solo puede hacerlo nuestro espíritu con la revelación del Espíritu Santo.
- La diferencia entre el cristianismo y otras religiones es que los fundadores de todas las religiones están muertos; pero Jesús, el Cristo, está vivo.
- Ninguna religión demanda relación con su fundador; sin embargo, no hay cristianismo sin tener relación con Jesús.

- Lea el evangelio de Juan, capítulo 1, y después conteste las siguientes preguntas:
  - ¿Quién es "el verbo"?
  - ¿Quién es el Cordero de Dios?
  - ¿Qué hace el Cordero de Dios?
  - ¿Quién es Juan el Bautista?

- ¿Tiene alguna necesidad especial? ¿Necesita un milagro? ¿Necesita una intervención de Dios? Preséntela ahora mismo a Dios en oración. Ore la siguiente oración, en voz alta:

  "Padre celestial, vengo a ti como tu hijo(a) dándote gracias por el regalo de la salvación a través de Tu Hijo Jesucristo. Quiero ser un discípulo de Jesús. Quiero tener revelación acerca de quién es Él y lo que ha hecho por mí. Señor, abre mis ojos a las cosas espirituales. Dame entendimiento en Tu palabra. Te pido Señor...

  [Incluya aquí su petición al Señor].

  ...Te doy gracias Padre por oírme. En el nombre de Jesús. Amén".

- Comparta con sus familiares, amigos y otras personas lo que aprendió en esta lección. Invítelos para que asistan con usted a la próxima clase.

¿QUIERE CONOCER MÁS

SOBRE LOS TEMAS EN ESTE MANUAL?

Todos tenemos un anhelo en nuestro corazón, pero estamos llenos de preguntas que no sabemos responder. ¡Sólo Jesús tiene las respuestas! Pero, ¿Por qué creer en Jesús? ¿Era un hombre real? ¿Realmente murió por nosotros? ¿Todavía sigue haciendo milagros?

En su libro, *"¿Por qué Creer en Jesús?"* el Apóstol Guillermo Maldonado responde todas estas interrogantes a la luz de poderosas revelaciones bíblicas. Este libro está ayudando a miles de personas en el mundo. Le gustaría a usted saber, ¿Por qué Creer en Jesús?

EL propósito de este libro es encaminar al nuevo creyente durante los primeros pasos de su vida cristiana. Todos una vez fuimos nuevos creyentes, y sabemos que uno se hace muchas preguntas, tales como: ¿qué es exactamente la salvación?, ¿por dónde empiezo?, ¿qué espera Dios de mí?, ¿cuáles son mis responsabilidades?, ¿qué puedo hacer y qué no? Y muchas preguntas más. Nuestro deseo es que ningún alma se pierda por falta de dirección y conocimiento. Este libro será de gran bendición para que usted edifique su vida cristiana.

www.shop.KingJesus.org

CLASE 2

La revelación de Jesús II

OBJETIVOS

- Que los alumnos reciban más revelación de quién es Jesús, el Hijo del Dios viviente y roca fundamental de la iglesia.
- Que el alumno aprenda que Jesús venció a Satanás y al reino de las tinieblas, trayendo el reino de Dios a la tierra.

Esta enseñanza fue recibida de parte de Dios por el Apóstol Guillermo Maldonado, con el propósito de transformar las vidas de quienes la reciben. El maestro debe apegarse a los objetivos y contendido de cada clase, **enseñando 45 minutos** y **ministrando 15 minutos**. Seguir estas instrucciones traerá disciplina al maestro y cambios radicales para todos.

La revelación de Jesús II

Repaso de la clase anterior:

- Esta generación necesita tener revelación de quién es Jesús, especialmente en el ahora.
- En Mateo 16 Jesús les pregunta a Sus discípulos quién dice la gente que es Él. Ellos responden: Unos dicen que Juan el Bautista o algún otro profeta.
- Jesús fue más directo y preguntó: ¿Quién creen ustedes que soy Yo?
- Jesús buscaba a alguien con una respuesta revelada por el Espíritu Santo. Por eso se alegró cuando Pedro le dijo: "Tú eres el Hijo del Dios vivo".
- Jesús respondió, *"Bienaventurado eres, Simón* [...] *porque no te lo reveló carne ni sangre, sino mi Padre que está en los cielos"* (Mateo 16:17). En otras palabras, le estaba diciendo, "Pedro, eso no te vino porque leíste los rollos de los profetas, o porque estudiaste con un maestro griego, sino porque te lo reveló el Espíritu Santo".

PREGUNTA

¿Será posible conocer al Hijo de Dios sin que el Espíritu Santo se lo haya revelado? Explique su respuesta.

Tome un minuto para escribir su respuesta.

¿Es el Espíritu Santo el único que nos revela a Jesús?

La respuesta es sí. Sin el Espíritu Santo no tendremos revelación de Jesús. De hecho, ése es uno de los propósitos por los cuales fue enviado a la tierra.

> *Pero cuando venga el Espíritu de verdad, él os guiará a toda la verdad; porque no hablará por su propia cuenta, sino que hablará todo lo que oyere, y os hará saber las cosas que habrán de venir. Él me glorificará; porque tomará de lo mío, y os lo hará saber.*
>
> **(Juan 16:13-14)**

Nadie podrá entender el nacimiento de Jesús, Su identidad, carácter, ministerio, muerte, resurrección y ascensión al cielo, si el Espíritu Santo no se lo revela. Él es el único que estuvo presente en cada acontecimiento divino, desde la eternidad y hasta la eternidad.

¿Cómo saber si tenemos revelación?

Como establecimos antes, existen muchos cristianos "teóricos", porque Jesús no ha sido revelado en su corazón. Esas personas no han tenido una experiencia con el Hijo de Dios, por eso no experimentan cambios en su forma de ser. Tampoco aprecian la vida abundante que viene cuando conocemos a Jesús. Si Jesús no es revelado por el Espíritu Santo a nuestro espíritu, solo tendremos información.

Entonces, ¿cómo sabremos si hemos recibido revelación? Porque la revelación trae a nuestras vidas transformación, manifestación y aceleración. Cuando la iglesia tiene revelación de quién es Jesús, millones se salvan, son sanados, cambiados y transformados. ¡Nadie escapa al poder de Dios! Ricos, pobres, mandatarios de países, políticos, abogados, contadores, médicos, científicos, deportistas, músicos, obreros, padres de familia, etcétera, son tocados, transformados, y todo en sus vidas es acelerado.

No puede haber nuevo nacimiento hasta que Jesús sea revelado en nuestro corazón.

Jesús es el Hijo del Dios viviente

El Espíritu Santo le reveló a Pedro quién era Jesús: *"Respondiendo Simón Pedro, dijo: Tú eres el Cristo, el Hijo del Dios viviente"* (Mateo 16:16). Como aprendimos en el capítulo anterior, el término "Cristo", en griego, equivale a Mesías, y significa Gobernante, Rey, Señor, Ungido. El "Mesías" es el "hijo del hombre"; esa es Su humanidad, pero Jesús no solo es el Cristo, sino que también es el "Hijo de Dios", como afirmó Pedro.

Ningún otro hombre puede decir de Sí mismo que es el Hijo del Dios viviente; solo Jesús. Ese título simboliza Su deidad. Cuando la gente veía a Jesús hacer milagros, reconocía que Él era "el Hijo de Dios". Por ejemplo, cuando lo vieron caminar sobre las aguas y calmar el viento.

> *Entonces los que estaban en la barca vinieron y le adoraron, diciendo: Verdaderamente eres Hijo de Dios.* **(Mateo 14:33)**

PREGUNTA

¿Por qué cree usted que crucificaron a Jesús?

Tome unos minutos para escribir su respuesta personal.

____

____

____

____

Los líderes religiosos de aquel tiempo crucificaron a Jesús, no porque hiciera milagros, sino porque <u>decía que era el Hijo de Dios</u>.

Ellos no tenían la revelación del Espíritu Santo; de lo contrario, nunca hubieran crucificado al Hijo de Dios. Esto fue lo que sucedió cuando apresaron a Jesús y lo llevaron ante el sumo sacerdote, los ancianos y los escribas:

> *El sumo sacerdote le volvió a preguntar, y le dijo: ¿<u>Eres tú el Cristo</u>, el Hijo del Bendito? Y Jesús le dijo: <u>Yo soy</u>; y veréis al Hijo del Hombre sentado a la diestra del poder de Dios, y viniendo en las nubes del cielo. Entonces el sumo sacerdote, rasgando su vestidura, dijo: ¿Qué más necesidad tenemos de testigos? Habéis oído la blasfemia; ¿qué os parece? Y todos ellos le condenaron, declarándole ser digno de muerte.* **(Marcos 14:61-64)**

¿Por qué les ofendía que Jesús dijera que era Dios?

Porque la falta de revelación trae consigo la familiaridad. Quizá muchos conocían a Sus padres, lo vieron jugar con sus hermanos, incluso algunos lo habrán visto ayudando en la carpintería de José. Todo eso los habría llevado a ver a Jesús como uno igual a ellos.

Por otra parte, la palabra "Dios" no es un nombre sino un título que alude a un ser autosuficiente y autoexistente. Quiere decir que no depende de nada ni de nadie para existir. ¡Jesús es Dios! Es el "Yo Soy", el Todopoderoso, el autosuficiente, la fuente original de vida, pero además posee otros atributos divinos como ser omnipresente, omnisciente y omnipotente.

> *Yo soy el Alfa y la Omega, principio y fin, dice el Señor, el que es y que era y que ha de venir, el Todopoderoso.* **(Apocalipsis 1:8)**

- **Jesús tiene vida en Sí mismo:**

> *Porque como el Padre tiene vida en sí mismo, así también ha dado al Hijo el tener vida en sí mismo.* **(Juan 5:26)**

- **Jesús comparte la misma naturaleza con Dios el Padre y el Espíritu Santo en Su preexistencia.**

> *Él es la imagen del Dios invisible, el primogénito de toda creación. Porque en él fueron creadas todas las cosas, las que hay en los cielos y las que hay en la tierra, visibles e invisibles; sean tronos, sean dominios, sean principados, sean potestades; todo fue creado por medio de él y para él. Y él es antes de todas las cosas, y todas las cosas en él subsisten.* **(Colosenses 1:15-17)**

- **El Hijo, al igual que el Padre, es inmutable:**

> *Jesucristo es el mismo ayer, y hoy, y por los siglos.* **(Hebreos 13:8)**

Jesús es la roca fundamental

> *Por tanto, Jehová el Señor dice así: He aquí que yo he puesto en Sion por fundamento una piedra, piedra probada, angular, preciosa, de cimiento estable; el que creyere, no se apresure.* **(Isaías 28:16)**

Jesús es la piedra angular elegida por Dios para ser el fundamento de Su pueblo. En los tres años y medio que anduvo en la tierra fue probado al máximo, en tentaciones, persecuciones y obediencia. En todas las pruebas permaneció fiel y nunca contrarió la voluntad de Su Padre.

> *Por lo cual también contiene la Escritura: He aquí, pongo en Sion la principal piedra del ángulo, escogida, preciosa; y el que creyere en él, no será avergonzado. Para vosotros, pues, los que creéis, él es precioso; pero para los que no creen, la piedra que los edificadores desecharon, ha venido a ser la cabeza del ángulo.* **(1 Pedro 2:6-7)**

PREGUNTA

¿Por qué Jesús es considerado la piedra angular de la iglesia?

Tome un minuto para escribir su opinión.

____

____

____

____

____

Al citar las palabras del profeta Isaías, el apóstol Pedro demostró que esa profecía se aplicaba a Jesús. ¿Cómo podemos probar esto? Porque luego de establecer en Mateo 16 que la respuesta de Pedro había sido revelada por el Espíritu Santo, Jesús le dice:

> *Y yo también te digo, que tú eres Pedro, y sobre esta roca edificaré mi iglesia.* **(Mateo 16:18)**

La palabra "Pedro" viene del griego *petros* y significa "roca pequeña", pero cuando Jesús dice *"y sobre esta roca"* usa la palabra griega *petra* que significa "roca grande", una montaña rocosa o un peñasco. Como vemos, Jesús no se estaba refiriendo a Pedro, sino que hablaba de Sí mismo: "Sobre esta *petra*; es decir, sobre esta roca grande, sobre esta piedra angular o sobre esta roca de fundamento, Yo, el Mesías, el Hijo del Dios viviente, edificaré Mi iglesia".

Incluso el apóstol Pablo se refiere a Jesús como la piedra fundamental, cuando dice: *"Por lo tanto, ustedes ya no son extraños ni extranjeros, sino conciudadanos de los santos y miembros de la familia de Dios, edificados sobre el fundamento de los apóstoles y los profetas, siendo Cristo Jesús mismo la piedra angular"* (Efesios 2:19-20).

La iglesia no está fundada sobre conocimiento, tradiciones, educación o sabiduría humana, sino en la revelación de quién es Jesús.

PREGUNTA

¿Cómo definiría usted la iglesia de Cristo?

Tome un minuto para desarrollar su respuesta.

La iglesia de Cristo no es un grupo religioso, sino una embajada del reino de Dios en la tierra. Ella lucha contra Satanás —el adversario— para ganar y mantener ese territorio, avanzar el reino de los cielos y arrebatarle al enemigo almas que estaban destinadas a ir al infierno, llevándolas al conocimiento revelado de Jesucristo.

Jesús venció a la muerte

Sin duda, la resurrección de Jesús es el suceso más importante de todos los tiempos, y uno de los más comprobados históricamente. La Biblia señala que al tercer día de Su crucifixión se levantó de entre los muertos, y en los siguientes cuarenta días fue visto vivo por muchos testigos. El apóstol Pablo informó a los corintios que, tras Su muerte, Jesús *"fue sepultado, que resucitó al tercer día según las Escrituras, y que se apareció a Cefas, y luego a los doce. Después se apareció a más de quinientos hermanos a la vez, la mayoría de los cuales vive todavía, aunque algunos han muerto. Luego se apareció a Jacobo, más tarde a todos los apóstoles, y por último, como a uno nacido fuera de tiempo, se me apareció también a mí"* (1 Corintios 15:4-8 NVI).

También, la carta a los Hebreos reafirma la victoria de Jesús sobre la muerte.

Así que, por cuanto los hijos participaron de carne y sangre, él también participó de lo mismo, para destruir por medio de la muerte al que tenía el imperio de la muerte, esto es, al diablo.

(Hebreos 2:14)

Nótese que ningún otro líder religioso en la historia de la humanidad, ni ninguna otra persona ha resucitado de entre los muertos para vivir para siempre, como lo hizo Jesús. Él es el único que tiene ese testimonio.

...Yo soy el primero y el último; y el que vivo, y estuve muerto; más he aquí que vivo por los siglos de los siglos, amén. Y tengo las llaves de la muerte y del Hades. **(Apocalipsis 1:17-18)**

La resurrección de Jesús evidencia que la muerte no tiene autoridad sobre Él. Al morir y resucitar, Jesús derrotó, destruyó, desarmó y destronó a Satanás:

Y despojando a los principados y a las potestades, los exhibió públicamente, triunfando sobre ellos en la cruz. **(Colosenses 2:15)**

PREGUNTA

¿Si tuviera que elegir cuál es el suceso más importante de la historia, en qué lugar ubicaría la resurrección de Jesús, y por qué?

Tome un minuto para explicar su respuesta.

____

____

____

____

Por eso Jesús le dijo a la iglesia, *"Y a ti te daré las llaves del reino de los cielos; y todo lo que atares en la tierra será atado en los cielos; y todo lo que desatares en la tierra será desatado en los cielos"* (Mateo 16:19).

Las llaves representan la autoridad de Dios. Cuando tenemos revelación de la persona de Jesús, tenemos las llaves y la autoridad para atar y desatar como Sus representantes legales en la tierra. Todo lo que declaremos ilegal en la tierra será declarado ilegal en el cielo. Las puertas del Hades no prevalecerán contra la iglesia.

Declaramos ilegal las obras del diablo porque él ya fue vencido. Usted puede decir: "Yo ato y declaro ilegal la enfermedad en mi cuerpo" o "Declaro ilegal la pobreza en mi hogar". También debemos declarar legales las promesas de Dios, ya que tenemos ese derecho gracias a la victoria de Jesús. Usted puede decir: "Declaro y desato las bendiciones de Dios sobre mi casa, mi familia y mis hijos, por la victoria de Jesús. ¡Amén!"

Conclusión

Jesús es la roca fundamental sobre la que Él mismo edifica Su Iglesia. El Hijo de Dios es el fundamento de todo. Por eso, no podemos ponerlo en la misma categoría de Buda, Mahoma, Confucio u otro líder que haya pisado la tierra. Dios los creó y todos ellos han muerto, pero ¡Jesús está vivo! Solo necesitamos revelación de quién es Jesús en el ahora, y nada podrá hacernos frente.

TESTIMONIO

Ricardo es un joven cubano, casado, y dueño de un servicio de lavado de automóviles; además, es policía certificado. Éste es su testimonio:

> *"Yo salí huyendo del régimen de Cuba en una balsa; arriesgando mi vida en busca de un futuro mejor. Era un muchacho humilde, inocente y noble, pero cuando cumplí 22 años, comencé a frecuentar los clubes de Miami, donde probé por primera vez la droga. Así, comencé una vida de adicción y, con ella, vino el descontrol. Pasaba en el club día y noche, aprendiendo todo lo que no debía. Me convertí en un estafador y dañé a muchas personas. Un día, en una fiesta, mezclé tres tipos de drogas y me dio un paro cardíaco. Caí como muerto. Son pocos los que se salvan después de una sobredosis con ácido; sin embargo, Jesús me levantó. Ese tipo de vida afectó mucho a mi familia. A mi madre le dio cáncer y a mi padre le pronosticaron tres meses de vida a causa de un tumor en el nervio central. Para entonces, yo había caído en depresión total. Había querido matarme dos veces, pero no tuve fuerza para hacerlo. Hasta que un día, un amigo que acostumbraba a drogarse conmigo me invitó a la iglesia. Ese día sentí que todas las palabras del pastor estaban dirigidas a mí; era como si allí no*

hubiera nadie más. Mi amigo me agarró por el brazo y me llevó al altar, donde oraron por mí. Algo ocurrió en mi interior. ¡Jesús entró a mi vida y se reveló como mi salvador, sanador, libertador y restaurador! La presencia de Dios hizo que brotaran lágrimas de mis ojos, y llorando fui a pedirle perdón a mi madre. A partir de allí mi vida se enderezó. Terminé la secundaria y luego empecé mi carrera para ser policía. Hoy, además de mi profesión, tengo un negocio propio. Me casé y formé una familia hermosa. Ya no tengo vicios y hay paz en mi corazón. Gracias al cambio tan grande que vieron en mí, mis padres también se convirtieron al cristianismo. ¡Mi vida cambió radicalmente el día que tuve un encuentro con el Cristo resucitado!"

PREGUNTAS FINALES

Por favor, conteste las siguientes preguntas:

- ¿Cuál es uno de los propósitos del Espíritu Santo?
- ¿Quién es la roca fundamental de la iglesia y por qué?
- ¿Cuál es la diferencia entre Jesús y otros líderes religiosos?
- ¿Qué representan las llaves del reino?

ACTIVACIÓN

- El maestro guiará a los estudiantes en oración para pedir al Espíritu Santo que se manifieste y traiga revelación de quién es Jesús.
- Entrenará a los estudiantes a orar atando y desatando.

TAREA

- Repase estos puntos importantes de la clase:
  - El propósito del Espíritu Santo es revelar a Jesús.
  - Tenemos revelación cuando nuestra vida es transformada y acelerada.
  - La revelación de Jesús es que Él es el Hijo del Dios viviente, la roca fundamental de la iglesia, quien derrotó a Satanás.
  - La diferencia entre Jesús y otros líderes religiosos es que todos ellos están muertos; en cambio, ¡Jesús está vivo!

- Los líderes religiosos querían que Jesús fuera crucificado porque afirmaba ser el Hijo de Dios.
- La palabra "Dios" es un título; significa ser autosuficiente, autoexistente, omnipresente, omnisciente y omnipotente.
- La iglesia es representante legal de la autoridad de Cristo y tiene poder para atar y desatar en la tierra.
- Las llaves del reino representan la autoridad de Dios.

- ¿Tiene alguna necesidad especial? ¿Necesita un milagro? ¿Necesita una intervención de Dios? Preséntesela ahora a Dios y llévela en oración.

- Ore la siguiente oración, en voz alta:

"Padre celestial. Gracias por enviar a Tu Espíritu Santo para revelarme quién es Jesús. Yo creo que Jesús resucitó de entre los muertos, venciendo así al diablo y la muerte. Jesús, Tú tienes las llaves del reino de los cielos. Tú tienes toda autoridad y yo reconozco Tu autoridad sobre mi vida. Te pido Señor...

> [Incluya aquí su petición. Puede "atar" o declarar ilegal toda acción del diablo en su vida. No olvide desatar bendición sobre su vida y la vida de otros].

...¡Lo declaro en el nombre de Jesús! Amén".

- Lea el capítulo 4 del libro de Mateo y conteste las siguientes preguntas:

  - ¿A dónde fue Jesús para ser tentado?
  - ¿Quién guió a Jesús a ese lugar?
  - ¿Quién vino a tentar a Jesús?
  - ¿Qué título usó el tentador al referirse a Jesús?
  - ¿Quién salió victorioso de ese encuentro?
  - ¿Qué predicaba Jesús? (vea el versículo 17)
  - ¿Cuál era el ministerio de Jesús? (vea los versículos 23 y 24)

CLASE 3

La experiencia del nuevo nacimiento

OBJETIVOS

- Que los estudiantes conozcan la diferencia entre el nuevo nacimiento y el bautismo en el Espíritu Santo, y anhelen ese bautismo.
- Que ellos también se conviertan en testigos de Jesús, empoderados para sanar a los enfermos, liberar a los cautivos y echar fuera demonios.

Esta enseñanza fue recibida de parte de Dios por el Apóstol Guillermo Maldonado, con el propósito de transformar las vidas de quienes la reciben. El maestro debe apegarse a los objetivos y contendido de cada clase, **enseñando 45 minutos** y **ministrando 15 minutos**. Seguir estas instrucciones traerá disciplina al maestro y cambios radicales para todos.

La experiencia del nuevo nacimiento

En clases anteriores aprendimos que:

- Es importante tener revelación de la persona de Jesús.
- Esta generación necesita evidencias de que Jesús es el Hijo de Dios, y que Él está vivo hoy.
- Jesús es el Mesías Ungido, Gobernador, Rey y Señor de todo.
- Solo el cristianismo puede decir que su fundador –Jesús de Nazaret– está vivo; ninguna religión puede decir lo mismo.
- Para ser cristiano se requiere tener una relación personal con su fundador.

Hoy aprenderemos en qué consiste la experiencia del nuevo nacimiento y cuál es la diferencia con el bautismo en el Espíritu Santo.

PREGUNTA
¿Cómo piensa usted que una persona puede obtener perdón de pecados?

Tome un minuto para explicar su respuesta.

____

____

En el Antiguo Testamento solo había *expiación* de pecados. Esta palabra describe la acción de "cubrir" el pecado, algo que se hacía una vez al año sacrificando animales. En cambio, Jesús vino a *redimir* nuestros pecados por medio de la obra terminada de la cruz. Redimir es "borrar" algo por completo; también significa cancelar, liberar y perdonar de una vez y para siempre. (Vea Hebreos 9:12).

> *De modo que si alguno está en Cristo, nueva criatura es; las cosas viejas pasaron; he aquí todas son hechas nuevas.* **(2 Corintios 5:17)**

Cuando estamos en Cristo, el pecado deja de existir.

Entonces, ¿por qué hay cristianos no transformados?

Porque le dicen que "no" a Dios. En el momento que nacemos de nuevo, la santidad de Jesús en nosotros nos lleva a odiar lo que Él odia; y Él no tolera el pecado. ¿Cómo funciona eso? Dios nos va revelando cosas que debemos cambiar, pero a nosotros nos toca decirle "sí" a Dios; que estamos dispuestos a cambiar; y Él nos da fuerzas para cambiar. Ningún hombre puede ser transformado si aún tiene pecado. No obstante, mucha gente quiere ser salva, pero seguir pecando.

Jesús no solo hizo expiación de pecados, sino que al habernos redimido de ellos, nos transformó en nuevas criaturas por la Palabra y el Espíritu.

Ningún hombre puede recibir perdón o remisión de pecados a menos que se haya arrepentido. Esa es la razón por la que algunos siguen en pecado, porque no se han arrepentido genuinamente. Si usted realmente se arrepiente, el siguiente paso lo guiará a morir a su naturaleza pecaminosa. Amará la santidad, odiará el pecado, y entonces, vendrá la transformación.

PREGUNTA

¿Piensa usted que verdaderamente se ha arrepentido de sus pecados, o todavía quedan cosas de las cuales se debe arrepentir?

Tome unos minutos para describir su experiencia.

¿Qué significa nacer de nuevo?

Significa que todo lo malo que heredamos debido a la caída del hombre es perdonado, removido y borrado de nuestro historial espiritual. Somos santificados y justificados por la sangre de Cristo y la fe en el Hijo de Dios. Espiritualmente quedamos tan limpios, como si el pecado nunca hubiera estado en nuestra vida. En efecto, nuestro espíritu queda alineado al corazón del Padre.

> *Respondió Jesús: De cierto, de cierto te digo, que el que no naciere de agua y del Espíritu, no puede entrar en el reino de Dios. Lo que es nacido de la carne, carne es; y lo que es nacido del Espíritu, espíritu es.*
> **(Juan 3:5-6)**

El nuevo nacimiento

Con el primer nacimiento –que es el natural– arrastramos defectos que vienen de familia. El nuevo nacimiento –que es del Espíritu– es un milagro espiritual. En este segundo nacimiento no hay defectos, porque Dios corta el cordón umbilical que nos mantiene atados a la línea sanguínea de nuestros padres, y nos conecta a la línea sanguínea de Jesús. Quiere decir que si, por ejemplo, hay alguna enfermedad arraigada, producto del pecado de nuestros antepasados, legalmente es arrancada de raíz y expulsada de nuestra vida. Para experimentar esto, solo necesitamos que la obra de la cruz se cumpla en nosotros.

Ahora, quiero que tenga esto en cuenta porque le puede suceder. Cuando el enemigo lo ataque con una enfermedad, atadura espiritual o tentación de pecar, debe saber que ese ataque proviene de afuera; ya no está ligado a su vínculo familiar. ¿Cómo debe actuar? Esta es la respuesta bíblica: *"Someteos, pues, a Dios; resistid al diablo, y huirá de vosotros"* (Santiago 4:7).

El poder del nuevo nacimiento radica en que todo es hecho nuevo.

De modo que si alguno está en Cristo, nueva criatura es; las cosas viejas pasaron; he aquí todas son hechas nuevas. **(2 Corintios 5:17)**

¿Tuvo Jesús que nacer de nuevo?

Entonces María dijo al ángel: ¿Cómo será esto? pues no conozco varón. Respondiendo el ángel, le dijo: el Espíritu Santo vendrá sobre ti, y el poder del Altísimo te cubrirá con su sombra; por lo cual también el Santo Ser que nacerá, será llamado Hijo de Dios. **(Lucas 1:34-35)**

Como hombre, Jesús fue engendrado por el Espíritu Santo y nació con una naturaleza santa. Jesús estuvo conectado con el Espíritu Santo durante toda Su vida en la tierra; desde Su nacimiento hasta Su muerte y resurrección. Por lo tanto, podemos afirmar que Jesús no tuvo que nacer de nuevo; siempre tuvo una vida santa y sin pecado.

Cuando nacemos de nuevo, nacemos del Espíritu, tal como Jesús nació.

PREGUNTA

Basado en lo que ha aprendido, ¿decir que una persona es nacida de nuevo equivale a decir que es nacida del Espíritu?

Tome unos minutos para escribir su respuesta.

____

____

____

____

____

Después del aliento de vida (por el cual nacemos del vientre de nuestra madre), cada creyente recibe de Dios dos alientos: El primer aliento es el del nuevo nacimiento. Ese aliento nos hace nuevas criaturas, somos salvos, hijos de Dios, vamos al cielo y nuestro nombre está inscrito en el libro de la vida. El segundo aliento viene cuando somos bautizados en el Espíritu Santo. Este nos empodera para ser testigos de Jesús y hacer milagros.

Nacer del Espíritu vs. ser bautizado en el Espíritu

La diferencia entre nacer del Espíritu y ser bautizado en el Espíritu radica en la calificación o aprobación que nos da cada aliento de Dios:

- ***Nacer del Espíritu*** nos califica para entrar al Reino. Cuando nacemos de nuevo, nuestro corazón, carácter y naturaleza son transformados.

  Respondió Jesús y le dijo: De cierto, de cierto te digo, que el que no naciere de nuevo, no puede ver el reino de Dios. **(Juan 3:3)**

  Nicodemo le dijo: ¿Cómo puede un hombre nacer siendo viejo? ¿Puede acaso entrar por segunda vez en el vientre de su madre, y nacer? Respondió Jesús: De cierto, de cierto te digo, que el que no naciere de agua y del Espíritu, no puede entrar en el reino de Dios. Lo que es nacido de la carne, carne es; y lo que es nacido del Espíritu, espíritu es. No te maravilles de que te dije: Os es necesario nacer de nuevo. El viento sopla de donde quiere, y oyes su sonido; más ni sabes de dónde viene, ni a dónde va; así es todo aquel que es nacido del Espíritu. **(Juan 3:4-8)**

- ***Ser bautizado en el Espíritu*** nos califica para caminar en lo sobrenatural. No hay Escritura que afirme que Jesús hizo milagros antes de ser bautizado en el Espíritu Santo.

  Aconteció que cuando todo el pueblo se bautizaba, también Jesús fue bautizado; y orando, el cielo se abrió, y descendió el Espíritu Santo sobre él en forma corporal, como paloma, y vino una voz del cielo que decía: Tú eres mi Hijo amado; en ti tengo complacencia. **(Lucas 3:21-22)**

  Y Jesús volvió en el poder del Espíritu a Galilea, y se difundió su fama por toda la tierra de alrededor. Y enseñaba en las sinagogas de ellos, y era glorificado por todos. **(Lucas 4:14-15)**

  Pero recibiréis poder, cuando haya venido sobre vosotros el Espíritu Santo, y me seréis testigos en Jerusalén, en toda Judea, en Samaria, y hasta lo último de la tierra. **(Hechos 1:8)**

Jesús había nacido del Espíritu, pero no pudo ser testigo, con milagros y poder, hasta que fue bautizado. Lo mismo sucede con nosotros; si nacemos de nuevo solo estamos seguros de ir al cielo. Mientras no seamos bautizados en el Espíritu Santo, no estaremos autorizados para testificar y actuar en la sobrenaturalidad de Dios.

Jesús nació del Espíritu, pero en el Jordán fue bautizado en agua y en el Espíritu Santo.

¿Por qué no podemos testificar sin el bautismo en el Espíritu Santo?

Porque Su poder es lo único que nos da la capacidad de probar que lo que decimos es verdad. Cuando somos bautizados en el Espíritu Santo, somos ungidos con capacidad y poder divinos para hacer cosas imposibles, como milagros, señales, maravillas, abrir los ojos de los ciegos y los oídos de los sordos, resucitar muertos y echar fuera demonios.

> *El que creyere y fuere bautizado, será salvo; más el que no creyere, será condenado. Y estas señales seguirán a los que creen: En mi nombre echarán fuera demonios; hablarán nuevas lenguas; tomarán en las manos serpientes, y si bebieren cosa mortífera, no les hará daño; sobre los enfermos pondrán sus manos, y sanarán.*
>
> **(Marcos 16:16-18)**

Tristemente, la mayoría de las denominaciones cree en la experiencia del nuevo nacimiento, pero no en el bautismo en el Espíritu Santo. Esas personas nunca podrán ser testigos de Jesús ni demostrar Su poder para hacer milagros.

Todo lo que Jesús hizo en Su ministerio mientras estuvo en la tierra fue ungido por el Espíritu Santo. Él escogió vivir bajo las restricciones de un hombre, y como tal, fue ungido con el poder del Espíritu Santo para abrir los ojos de los ciegos, levantar muertos, caminar sobre las aguas y mucho más.

PREGUNTA

¿Qué considera que le falta a usted para hacer lo mismo que hizo Jesús?

Tome unos minutos para escribir su respuesta.

Todo aquel que recibe poder del Espíritu Santo tiene la misma capacidad, potencial y habilidad de hacer lo mismo que Jesús hizo. Solo tiene que ser ungido por el Espíritu de Dios, tal como Jesús fue ungido.

Jesús no hizo nada sobrenatural hasta que fue bautizado en el Espíritu Santo.

De cierto, de cierto os digo: El que en mí cree, las obras que yo hago, él las hará también; y aún mayores hará, porque yo voy al Padre.

(Juan 14:12)

Conclusión

Todos los hombres y mujeres nacimos en pecado, por eso necesitamos nacer de nuevo, del Espíritu. Para esto, debemos arrepentirnos, cambiar de mente y someternos al proceso de limpieza del Espíritu Santo, pero la obra y el plan de Dios no terminan ahí. Él quiere empoderar a cada uno de Sus hijos con Su poder sobrenatural para sanar, liberar, echar fuera demonios y extender Su reino en la tierra. Eso solo es posible si somos bautizados en el Espíritu Santo. Este es el desafío que Dios nos presenta hoy. Usted ya recibió a Jesús en su corazón por la convicción del Espíritu Santo y se arrepintió de sus pecados, pero ¿está dispuesto a someterse al proceso de limpieza del Espíritu? Hoy es tiempo de dar un paso más y comprometerse con ese proceso.

TESTIMONIO

"Mi nombre es Chrisy Rivera, tengo 23 años y mi historia ha sido bastante dura. Mi padre me rechazó al nacer, y mi madre me abandonó cuando tenía tres años. Para entonces mi padre estaba en prisión, así que mi abuela me crió. A los seis años fui violada y eso marcó mi vida de mala manera. Cuando mi padre salió de la cárcel me mudé con él, pero fue imposible adaptarme a su estilo de vida. Comencé a buscar un escape en las drogas, el cigarrillo y las relaciones sexuales. A los 16 años ya vivía en la calle, vendiendo y usando drogas; paraba en casa de traficantes y practicaba el lesbianismo.

Siempre al borde del abismo, siempre al borde de la muerte por sobredosis. A los 18 años contraje una enfermedad de transmisión sexual. Me sentía como muerta caminando. Desesperada, clamé a Dios y le pedí que me guiara a una buena iglesia. Esa misma semana, alguien me habló del Ministerio El Rey Jesús. Fui a una reunión para jóvenes, y allí, por primera vez, sentí el amor y la presencia de Dios. Luego me invitaron a un retiro donde tratarían los temas de adicciones, sanidad del alma y maldiciones generacionales. Ese día yo nací de nuevo. Dios el Padre me dio una vida nueva. Sentí que el poder de Jesús me hacía libre del rechazo, la soledad, el abandono, la inmoralidad sexual, el desamor y la autodestrucción en la que estaba mi vida. Perdoné a mis padres por su abandono; me perdoné a mí misma por todo el mal que me había provocado. Hoy tengo paz en mi corazón y una vida nueva. Ahora lo único que quiero es que otros reciban lo mismo que yo recibí de Jesús porque sé que hay mucha gente que sufre lo mismo que yo sufrí y no encuentra solución en nada ni en nadie. Él único que pudo transformar mi vida fue Jesús, el hijo de Dios, y estoy segura que hará lo mismo por ti".

PREGUNTAS FINALES

Por favor, conteste las siguientes preguntas:

- ¿Qué diferencia hay en la forma como se perdonaban los pecados en el Antiguo Testamento y cómo se hace en el Nuevo Testamento?
- ¿Cuál es la diferencia entre "expiar" y "redimir" nuestros pecados?
- ¿Qué es el nuevo nacimiento?
- ¿Jesús tuvo que nacer de nuevo?
- ¿Jesús tuvo que ser bautizado en el Espíritu Santo?

ACTIVACIÓN

- El maestro guiará a los estudiantes, en oración, a pedir al Espíritu Santo que los bautice, con el fin de recibir el poder para testificar de Jesús con demostración de milagros, señales y maravillas.

- Ministrará el bautismo en el Espíritu Santo con la evidencia de hablar nuevas lenguas.

TAREA:

- Repase estos puntos importantes de la clase:
    - La diferencia entre el Antiguo y el Nuevo Testamento respecto al pecado, es que antiguamente el pecado solo era "expiado" o tapado. Gracias a la obra de Cristo en la cruz tenemos "remisión" de pecados; quiere decir que estos son perdonados y borrados para siempre.
    - Muchos cristianos no son transformados. La mayoría quieren ser salvos, pero no quieren cambiar su manera de vivir; esto se debe a la falta de arrepentimiento.
    - Nuestro nacimiento natural nos transfiere defectos y maldiciones generacionales.
    - En el nuevo nacimiento, Dios corta el cordón umbilical con nuestra familia y nos conecta a la línea sanguínea de Jesús. Es un milagro espiritual que rompe toda maldición de nuestra vida.
    - Nacer de nuevo significa que los pecados son removidos de nuestro historial espiritual; son perdonados y borrados como si nunca hubieran existido.
    - Jesús no tuvo que nacer de nuevo porque Él nació directo del Espíritu, pero <u>sí tuvo que ser bautizado en el Espíritu</u> para comenzar Su ministerio.
    - La diferencia es que, nacer de nuevo nos califica para entrar al reino de Dios (ser salvos), y el bautismo en el Espíritu nos califica para ser testigos de Jesús. Nos da el poder para demostrar que lo sobrenatural de Dios es real.

- ¿Tiene alguna necesidad especial? ¿Necesita un milagro? ¿Necesita una intervención de Dios? Preséntela ahora mismo a Dios en oración. Ore en voz alta:

  Padre celestial, vengo a ti como tu hijo(a) dándote gracias por la experiencia del nuevo nacimiento. Quiero convertirme en testigo de Jesús y ser empoderado para sanar a los enfermos, liberar a los cautivos y echar fuera demonios. En este día te pido Señor por [Incluya aquí su petición]. Te doy gracias Padre porque sé que me oyes. Hecho está, en el nombre de Jesús. ¡Amén!

- Lea en su Biblia el tercer capítulo del libro de Juan y conteste las siguientes preguntas:
  - ¿Quién era Nicodemo?
  - ¿Cómo sabemos que Dios el Padre estaba con Jesús?
  - ¿Nacer de nuevo es algo natural o espiritual?
  - Cuando Jesús dijo que debía "nacer de nuevo", ¿Nicodemo tuvo revelación o se confundió?
  - ¿Por qué Dios mandó a Su Hijo al mundo?
  - ¿Vino Jesús al mundo para condenar o para salvar a las personas?
- Comparta con sus familiares, amigos y otras personas lo que aprendió en esta lección. Invítelos para que asistan con usted a la próxima clase.

CLASE 4

El pecado y sus consecuencias

OBJETIVOS

- Entender qué es el pecado, su origen y consecuencias.
- Conocer el plan de Dios para nuestras vidas.

Esta enseñanza fue recibida de parte de Dios por el Apóstol Guillermo Maldonado, con el propósito de transformar las vidas de quienes la reciben. El maestro debe apegarse a los objetivos y contendido de cada clase, **enseñando 45 minutos** y **ministrando 15 minutos**. Seguir estas instrucciones traerá disciplina al maestro y cambios radicales para todos.

El pecado y sus consecuencias

Repaso de la clase anterior:

- Todos nacimos en pecado, y necesitamos nacer de nuevo, del Espíritu.
- Debemos arrepentirnos, cambiar nuestra mentalidad y someternos al proceso de limpieza del Espíritu Santo.
- Dios quiere empoderarnos para sanar, liberar, echar fuera demonios y avanzar Su reino en la tierra.
- Todo esto es posible después de nacer de nuevo y ser bautizados en el Espíritu Santo.

PREGUNTA

¿Qué es el pecado? Explique en sus propias palabras

Tome unos minutos para escribir su respuesta.

____

____

____

____

____

Cuando Adán pecó, perdió su comunión con Dios y lo único que quedó operando en él fue su conciencia. Por medio de la conciencia, el ser humano reprueba el pecado y aprueba la justicia divina. No obstante, la conciencia se ha encallecido (endurecido e insensibilizado), a tal punto que muchos ya no oyen la voz de Dios porque la atmósfera de desenfreno y perversión distorsiona el mensaje y crea interferencia.

¿Qué es pecar?

Es ofender a Dios transgrediendo deliberadamente Sus leyes o mandamientos. La palabra *pecar* significa apartarse de lo recto y justo; es "errar al blanco". Nuestro espíritu anhela a Dios, pero elegimos caminos que nos apartan cada vez más de Su voluntad. Entonces, terminamos cayendo en religión, idolatría y tradiciones.

La Biblia enseña que Jesús es el único camino para llegar al Padre (vea Juan 14:6), pero el mundo nos muestra caminos alternativos. Por ejemplo, al alcoholismo le dicen "enfermedad social". A la homosexualidad la llaman "estilo de vida alternativo". Al aborto lo llaman "derecho a decidir". A la drogadicción la llaman "enfermedad mental". A la pornografía la llaman "ayudas audiovisuales", pero ¿cómo le llama Jesús al alcoholismo? Pecado. ¿A la homosexualidad? Pecado. ¿Al aborto? Pecado. ¿A la pornografía? Pecado.

Dios odia el pecado, pero ama al pecador, y no quiere que ninguno se pierda.

PREGUNTA

¿Dónde se originó el pecado?

Tome un minuto para explicar su respuesta.

Entonces dijo Dios: Hagamos al hombre a nuestra imagen, conforme a nuestra semejanza; y señoree en los peces del mar, en las aves de los cielos, en las bestias, en toda la tierra, y en todo animal que se arrastra sobre la tierra. **(Génesis 1:26)**

Después de crear la tierra, Dios creó al hombre a Su imagen y semejanza –varón y hembra los creó (vea Génesis 1:27)– para que señorearan sobre toda la creación, menos sobre otros seres humanos, pero el plan de Satanás es destruir a la raza humana, porque somos imagen y semejanza de Dios.

No obstante, el ser humano no fue creado para autogobernarse, aunque tiene libre albedrío para escoger a quien servir: (a) al reino de los cielos, donde Dios es el único Señor o (b) al reino de las tinieblas, regido por Satanás.

¿Qué es independencia?

La independencia es consecuencia de la rebelión y la desobediencia. Es actuar al margen de Dios, rompiendo Sus leyes, sobreponiendo la voluntad humana a la voluntad divina. Cuando el hombre desecha la disciplina de Dios, de inmediato cae bajo el control del diablo, quien usa el espíritu de independencia para someterlo. Sin embargo, Jesús nos manda negarnos a nosotros mismos, tomar la cruz y seguirle.

La independencia nos saca de la protección del Padre.

Como resultado de la independencia viene la enfermedad, el dolor, el divorcio, la soledad, la pobreza, etc. Cuando Dios nos manda a hacer algo, no nos pide entender, sino obedecer. Al ser tentados por Satanás, Adán y Eva cayeron en su trampa; y la protección que estaba sobre ellos, automáticamente fue retirada.

¿Qué le pasó a la humanidad a causa de la independencia?

- Perdió la protección de Dios
- La presencia de Dios fue removida
- La vida y la comunión con el Padre fueron cortadas

En otras palabras, el pecado y la independencia dieron resultados desastrosos para la raza humana. Desde entonces la enfermedad, conflicto, escasez, adicciones, y otras maldiciones entraron en su línea sanguínea. El hombre no puede vencer el pecado en sus propias fuerzas; necesita a Dios.

¿Cómo entró el pecado en la humanidad?

El pecado entró a la humanidad por medio de un hombre, y por medio de un hombre debía salir. Dice el apóstol Pablo: *"Por tanto, como el pecado entró en el mundo por un hombre, y por el pecado la muerte, así la muerte pasó a todos los hombres, por cuanto todos pecaron"* (Romanos 5:12).

Por causa del pecado del primer hombre, la maldición echó raíces en la humanidad.

Desde entonces, todos nacemos cargando la marca del pecado. *"Así que, como por la trasgresión de uno vino la condenación a todos los hombres, de la misma manera por la justicia de uno vino a todos los hombres la justificación de vida"* (Romanos 5:18).

PREGUNTA

Según la enseñanza ¿cuáles son las consecuencias del pecado?

Tome unos minutos para escribir su respuesta.

Principales resultados del pecado

1. **La paga del pecado es muerte.**

   Porque la paga del pecado es muerte, más la dádiva [el regalo] *de Dios es vida eterna en Cristo Jesús Señor nuestro.* **(Romanos 6:23)**

Muchos creen que el pecado no tiene consecuencias, debido a que han pecado tanto y siguen viviendo como si nada hubiera pasado, pero la palabra de Dios es tajante al afirmar que "la paga del pecado es muerte". No necesariamente es una muerte física al instante (aunque a veces esto ocurre). Por lo general, primero ocurre la muerte espiritual, pero al final, el pecador recibe su recompensa.

2. El pecado hiere a Dios, a usted y a otros.

> *El que hurtaba, no hurte más, sino trabaje, haciendo con sus manos lo que es bueno, para que tenga qué compartir con el que padece necesidad. Ninguna palabra corrompida salga de vuestra boca, sino la que sea buena para la necesaria edificación, a fin de dar gracia a los oyentes. Y no contristéis al Espíritu Santo de Dios, con el cual fuisteis sellados para el día de la redención.* **(Efesios 4:28-30)**

¿Qué es contristar? Es "causar tristeza o dolor". Cuando una persona peca, la más perjudicada es ella misma, pues rompe su relación con Dios.

3. El pecado esclaviza, degrada y humilla.

> *¿No sabéis que si os sometéis a alguien como esclavos para obedecerle, sois esclavos de aquel a quien obedecéis, sea del pecado para muerte, o sea de la obediencia para justicia?* **(Romanos 6:16)**

En el mismo instante que una persona peca, queda presa, y se convierte en esclavo(a) de Satanás. No disfruta su vida de creyente, pero tampoco la vida mundana. En otras palabras, no disfruta con Dios ni con el diablo. Jesús dijo que, *"Nada hay oculto, que no haya de ser manifestado; ni escondido, que no haya de ser conocido, y de salir a luz"* (Lucas 8:17).

El pecado expone, humilla y degrada al pecador.

4. El pecado no satisface.

El pecado solo ofrece deleite temporal. Después, el individuo se siente más vacío que antes. Ejemplo: el sexo ilícito, las drogas, la gula, el chisme, el alcohol, etc.

5. El pecado tiene consecuencias eternas.

> *Y los libros fueron abiertos, y otro libro fue abierto, el cual es el libro de la vida; y fueron juzgados los muertos por las cosas que estaban escritas en los libros, según sus obras.* **(Apocalipsis 20:12)**

Todo lo que hacemos queda por escrito, y seremos juzgados por nuestros actos. Si no hay arrepentimiento genuino nos puede costar la salvación. No hay un solo pasaje en la Biblia que diga que el cristiano puede vivir como quiera; al contrario, la Escritura nos exhorta a vivir en obediencia a Dios.

6. El pecado desprecia la sangre de Cristo y le abre puertas al diablo.

Si sabemos que Jesús murió para que nuestros pecados fueran perdonados, y aun así pecamos intencionalmente, estamos despreciando el sacrificio de Jesús en la cruz y Su sangre preciosa. Además, al pecar nos ponemos del lado del enemigo y le damos derecho y autoridad sobre nuestra vida.

PREGUNTA

¿Cuál considera que es el plan de Dios para la humanidad?

Tome unos minutos para explicar su respuesta.

___

___

___

___

Dios el Padre envió a Jesús, Su Hijo unigénito, con el fin de salvar a la humanidad. Por eso, Él *"se despojó a sí mismo, tomando forma de siervo, hecho semejante a los hombres"* (Filipenses 2:7), fue a la cruz, cargando el pecado de la humanidad, y con Su muerte y resurrección liberó a la raza humana del pecado y la muerte eterna. No hacen falta más sacrificios. La sangre de Cristo es más que suficiente.

Algunos intentan cambiar su conducta en sus propias fuerzas, pero no lo consiguen. Evitan hablar mal, tratar mal a su familia, fumar, beber, drogarse, fornicar, adulterar; y lo logran por un tiempo, pero luego recaen. ¿Por qué? Porque quieren cambiar su conducta sin cambiar su naturaleza. Por eso, muchos programas de autoayuda no funcionan. Usted no necesita la ayuda de los hombres. ¡Necesita la ayuda de Dios!

¿Qué cambia la naturaleza del hombre?

Lo único que puede cambiar la naturaleza pecaminosa y borrar el pecado del hombre, es la sangre de Cristo. *"Jesús es el cordero de Dios que quita el pecado del mundo"* (Juan 1:29). Hoy Dios está listo para perdonarnos. *"Si confesamos nuestros pecados, él es fiel y justo para perdonar nuestros pecados, y limpiarnos de toda maldad"* (1 Juan 1:9).

¿Qué hacer para que Dios perdone nuestros pecados?

- ***Arrepentirnos (Lucas 24:47):*** Es reconocer que somos pecadores. Es cambiar nuestra manera de pensar y actuar, y confiar solo en Cristo.
- ***Confesar con nuestra boca (Romanos 10:9):*** Es declarar en voz alta que Jesús es el Señor y Salvador de nuestra vida.
- ***Creer con el corazón (Romanos 10:10):*** Es tener la plena convicción de que el Padre levantó a Jesús de entre los muertos.

Conclusión

Pecar es ofender a Dios violando Sus mandamientos. Dios odia el pecado, pero ama al pecador. El pecado entró a la humanidad por medio de un hombre, y por medio de un hombre debía salir. Jesús es el cordero de Dios que quita el pecado del mundo. La paga del pecado es muerte. El pecado hiere a Dios; esclaviza, degrada y humilla al hombre; no satisface, tiene consecuencias eternas y desprecia la sangre de Cristo.

TESTIMONIO

Jessica y su esposo practicaron brujería por diez años. En su casa, continuamente se oían voces y pasos que la asustaban y no la dejaban dormir. Por otra parte, su esposo, que estuvo dos años en la cárcel, conoció cristianos que le predicaron de Jesús; pero no fue sino hasta que encontró el libro "Cómo caminar en el poder sobrenatural de Dios" del apóstol Guillermo Maldonado que Dios tocó su vida. Quedó tan impactado que, sintió una fuerte convicción y se arrepintió de sus pecados. Le entregó su vida a Jesús y llamó a su esposa para decirle que buscara la iglesia "El Rey Jesús". Así fue como Jessica empezó a congregarse. Un día, Jessica pidió que un equipo de la iglesia fuera a orar a su casa para liberarla de las influencias demoníacas. Sacaron más de 60 bolsas industriales con objetos de santería, libros, trajes, música, imágenes, collares, *tambores, muñecas y altares, por un valor aproximado de $120,000 dólares. Luego consagraron su hogar para que Dios reinara. A partir de ese día, nunca más volvieron a escuchar voces ni pasos. Hoy Jessica se siente feliz con la paz que se respira en su hogar; tanto que reúne a sus vecinos y amigos cada semana para aprender más de la Biblia y de Jesús.*

PREGUNTAS FINALES

- ¿Qué es el pecado?
- ¿Es verdad que Dios odia al pecador?
- ¿Qué es para usted la independencia?
- ¿Cuál es la paga del pecado?

ACTIVACIÓN

- El maestro guiará a los alumnos a orar pidiendo al Espíritu Santo que les traiga convicción de pecados.
- Llevará a los alumnos a arrepentirse de sus pecados y hacer un pacto con Jesús, para vivir en sujeción a las leyes de Dios.

TAREA

- Repase estos puntos importantes de la clase:
  - Pecar es ofender a Dios transgrediendo Sus mandamientos; es apartarse de lo recto y justo; es "errar al blanco".
  - Dios odia el pecado, pero ama al pecador.
  - Satanás tentó a Eva diciendo: si comen del fruto prohibido no morirán, al contrario, serán como Dios.
  - Independencia es vivir al margen de la ley de Dios, haciendo su voluntad personal.
  - Por la independencia, la humanidad perdió la protección de Dios, la presencia de Dios fue removida, y la comunión con el Padre fue cortada.
  - "La paga del pecado es muerte" y sus consecuencias son eternas.
  - Lo único que cambia nuestra naturaleza pecaminosa es la sangre de Cristo.

- Lea en su Biblia el capítulo 3 del libro de Génesis y conteste las siguientes preguntas:
    - ¿Cuál fue la tentación que Satanás (la serpiente) uso con Adán y Eva?
    - ¿Cuál fue el primer sentimiento que tuvieron después de comer del árbol?
    - ¿Qué hicieron Adán y Eva cuando Dios vino a tener comunión con ellos?
    - ¿Cuál fue el resultado del pecado de Adán y Eva?
    - ¿Quién cumplió la profecía de herir a la serpiente en la cabeza (una herida mortal)?

- Pida perdón a las personas con las que está enemistado y haga las paces.

- Comparta con familiares y amigos lo aprendido en esta lección. Ore al Espíritu Santo para que les traiga convicción de pecado y que puedan recibir a Cristo en su corazón.

CLASE 5

El verdadero arrepentimiento y la conversión

OBJETIVO

- Que los alumnos conozcan qué es el arrepentimiento genuino.

Esta enseñanza fue recibida de parte de Dios por el Apóstol Guillermo Maldonado, con el propósito de transformar las vidas de quienes la reciben. El maestro debe apegarse a los objetivos y contendido de cada clase, **enseñando 45 minutos** y **ministrando 15 minutos**. Seguir estas instrucciones traerá disciplina al maestro y cambios radicales para todos.

El verdadero arrepentimiento y la conversión

Repaso de la clase anterior:

- Hasta aquí hemos visto que el proceso del nuevo creyente consiste en recibir la revelación de Jesús, experimentar el nuevo nacimiento, y reconocer el pecado y sus consecuencias para permitir que la sangre de Jesús lo limpie.
- Pecar es ofender a Dios violando Sus mandamientos; es apartarse de lo recto; es "errar al blanco".
- Dios odia el pecado, pero ama al pecador.
- *"La paga del pecado es muerte"* y sus consecuencias son eternas.
- Lo único que cambia nuestra naturaleza pecaminosa es la sangre de Cristo.

Hoy hablaremos acerca del poder del arrepentimiento y la conversión de nuestro corazón a Jesús.

En Hechos, capítulo 3, vemos que Pedro y Juan sanan a un enfermo y el pueblo maravillado se reúne alrededor de ellos. Entonces, Pedro, comenzó a hablarles de Jesús para que todos fueran salvos. En el versículo 19 Pedro dice:

Así que, arrepentíos y convertíos, para que sean borrados vuestros pecados; para que vengan de la presencia del Señor tiempos de refrigerio". **(Hechos 3:19)**

Vamos a detenernos un poco en estas palabras y ver en detalle en qué consiste el "arrepentirse" y "convertirse" en la vida de un creyente:

PREGUNTA

¿Alguna vez hizo algo de lo cual tuvo que arrepentirse? ¿Qué experimentó en ese momento?

Tome unos minutos para resumir su respuesta.

____

____

____

____

1. Arrepentíos

Mucha gente confunde el arrepentimiento con remordimiento, otros caen en culpabilidad, y aún otros lloran para evitar las consecuencias del pecado, pero eso NO es arrepentimiento. Arrepentirse NO es solo admitir que hemos pecado, tampoco es una emoción, ni siquiera es una simple decisión mental.

¿Qué es el arrepentimiento?

En el original griego se usa la palabra *metanoia* para referirse a un cambio total en nuestra manera de pensar, actuar y sentir. El diccionario Merriam-Webster[1] lo define como "un cambio transformador del corazón, una conversión espiritual". El arrepentimiento es nuestra respuesta a la convicción del Espíritu Santo, cuyo fin es llevarnos a la santidad.

El arrepentimiento es un cambio genuino y sincero que se produce en el corazón y la mente.

Para que una persona se arrepienta tiene que reconocer su pecado y llamar al pecado como lo que es: ¡Pecado! De otra manera no hay arrepentimiento.

[1] https://www.merriam-webster.com/dictionary/metanoia

¿Cómo sabemos que existe verdadero arrepentimiento?

Esta es una pregunta clave, porque cada uno expresa el arrepentimiento de distinta manera. Algunas manifestaciones de verdadero arrepentimiento son: caer al piso de rodillas, llorar en la presencia de Dios, clamar a Dios pidiendo perdón. En la Biblia encontramos muchos ejemplos. Uno de los más frecuentes es cuando el pueblo de Israel volvía llorando, esa era su forma de mostrar arrepentimiento.

> *En aquellos días y en aquel tiempo, dice Jehová, vendrán los hijos de Israel, ellos y los hijos de Judá juntamente; e irán andando y llorando, y buscarán a Jehová su Dios.* **(Jeremías 50:4)**

Sin embargo, hay gente que no muestra señales físicas. La manifestación que realmente cuenta es el fruto del arrepentimiento. *"Haced, pues, frutos dignos de arrepentimiento"* (Mateo 3:8). Alguien puede llorar, caer de rodillas o emocionarse, pero no estar arrepentido. El genuino arrepentimiento se ve cuando la gente cambia su vida. El que antes robaba no roba más, si antes mentía no miente más, el adúltero no adultera más, el que abandonó a su familia la busca para restaurar su hogar. Ese cambio de vida es el resultado de ceder por completo a la convicción del Espíritu Santo, quien produce la limpieza de Espíritu. ¡Esa es la fase a la que tenemos que llegar!

¿Qué es la limpieza del Espíritu Santo?

La limpieza del Espíritu Santo forma parte del proceso de cambio eterno. Si no hay limpieza, la gente se queda a mitad de camino y su cambio no se consuma. La limpieza involucra el corazón, las emociones y la mente; también incluye los hábitos, conductas y patrones de pensamiento. Al principio, cuando una persona recibe a Jesús, se arrepiente genuinamente. Sin embargo, si no permanece en el proceso de limpieza –que es lo que completa el cambio– el arrepentimiento no se hace efectivo. Tarde o temprano vuelve atrás o se estanca. Todos anhelamos los frutos de arrepentimiento, pero el fruto requiere tiempo para crecer; ese es el proceso.

La limpieza del Espíritu Santo es el proceso que trae el crecimiento del cristiano.

¿Cuáles son los agentes de limpieza?

Son dos los agentes de limpieza:

- ***La Palabra***

Ya vosotros estáis limpios por la palabra que os he hablado.

(Juan 15:3)

- ***La Sangre de Cristo***

Y la sangre de Jesucristo su Hijo nos limpia de todo pecado.

(1 Juan 1:7)

¿Cuál es el mayor obstáculo para el arrepentimiento?

Porque el corazón de este pueblo se ha engrosado, y con los oídos oyen pesadamente, y han cerrado sus ojos; para que no vean con los ojos, y oigan con los oídos, y con el corazón entiendan, y se conviertan, y yo los sane. **(Mateo 13:15)**

El mayor obstáculo para el arrepentimiento es el orgullo. Debemos saber que el orgulloso jamás se arrepiente. Arrepentirse es aceptar que uno está equivocado, y una persona orgullosa jamás admitirá eso. El arrepentimiento es un proceso que demanda mucha humildad, debido a que el Espíritu Santo nos va a mostrar muchos aspectos de nuestra vida que no le agradan a Dios y que debemos eliminar.

La humildad nos conduce a la verdadera limpieza del Espíritu Santo.

¿Dónde sucede el arrepentimiento?

El arrepentimiento ocurre en la presencia de Dios. Fuera de allí no puede haber cambio. El arrepentimiento es la autorización que el hombre le da a Dios para que intervenga en las áreas de su vida que necesitan ser cambiadas, y que el hombre no puede hacerlo por sí solo.

Pero yo os digo la verdad: Os conviene que yo me vaya; porque si no me fuera, el Consolador no vendría a vosotros; más si me fuere, os lo enviaré. Y cuando él venga, convencerá al mundo de pecado, de justicia y de juicio. **(Juan 16:7-8)**

No importa cuánta influencia demoniaca tenga usted, siempre puede escoger si quiere pecar o no, porque tiene libre albedrío o voluntad para decidir. Satanás no puede robarle la voluntad. Si usted toma la decisión de arrepentirse, el Espíritu Santo hará esa obra sobrenatural.

Cuando confesamos nuestros pecados y nos arrepentimos sinceramente, le quitamos todo derecho a los demonios para intervenir en nuestra vida.

> *Someteos, pues, a Dios; resistid al diablo, y huirá de vosotros.*
> **(Santiago 4:7)**

Para que perdure, la transformación debe comenzar con un cambio de corazón. Por eso, debemos estar dispuestos a tomar la decisión de arrepentirnos y dejar que el Espíritu Santo haga Su obra. El ser humano debe arrepentirse del pecado de desobediencia, porque si no, atraerá un ciclo de maldiciones.

PREGUNTA

¿Qué pasa si no nos arrepentimos de nuestros pecados?

Tome unos minutos para escribir su respuesta.

____

____

____

____

2. Convertíos

> *Así que, arrepentíos y convertíos, para que sean borrados vuestros pecados; para que vengan de la presencia del Señor tiempos de refrigerio.* **(Hechos 3:19)**

Cuando hay arrepentimiento genuino somos transformados. La palabra "transformar" significa "cambiar de forma a alguien o algo".[2] La transformación nos lleva a la verdadera conversión. Si la persona no es cambiada o transformada en algo diferente a lo que era, no está convertida, porque el cambio es la evidencia del verdadero arrepentimiento y conversión.

> Y [Jesús] *dijo: De cierto os digo, que si no os volvéis y os hacéis como niños, no entraréis en el reino de los cielos.* **(Mateo 18:3)**

Solo el cambio es evidencia de su conversión.

[2] Real Academia Española. https://dle.rae.es/transformar

¿Qué es la conversión?

Conversión es el acto de cambiar de curso o dirección por voluntad propia. Es hacer lo contrario a lo que veníamos haciendo. Podemos graficar la conversión con dar una vuelta en "U", o hacer un giro de 180 grados, y alejarnos del pecado, la iniquidad, la transgresión y el mal, para volver a Jesús. Antes de conocer a Jesús, íbamos por el camino del mundo que lleva a la destrucción, pero al convertirnos cambiamos de dirección. En otras palabras, ya no vivimos mundanamente sino que vivimos como le agrada a Dios.

Una persona convertida no continúa viviendo en el mismo pecado que antes practicaba.

¿De qué nos apartamos?

Nos apartamos del pecado, la iniquidad, la perversión moral, las transgresiones y el mal. Nos alejamos de todo aquello que desagrada y entristece a Dios. El pecado entristece y desagrada al Padre, porque es una violación a la ley de Dios. Por eso, vemos en la Biblia que Él envió a Sus profetas para que llamaran al pueblo a apartarse del pecado.

> *Clama a voz en cuello, no te detengas; alza tu voz como trompeta, y anuncia a mi pueblo su rebelión, y a la casa de Jacob su pecado.*
> **(Isaías 58:1)**

¿Cuál es la obra del Espíritu Santo en la conversión?

> *Pero yo os digo la verdad: Os conviene que yo me vaya; porque si no me fuera, el Consolador no vendría a vosotros; más si me fuere, os lo enviaré. Y cuando él venga, convencerá al mundo de pecado, de justicia y de juicio.* **(Juan 16:7-8)**

La conversión es obra del Espíritu Santo. Él trae convicción a la conciencia del hombre, lo cual lo lleva al arrepentimiento. Por eso, donde se le rechaza no hay verdadera conversión, porque el Espíritu no está presente.

> *Sepa que el que haga volver al pecador del error de su camino, salvará de muerte un alma, y cubrirá multitud de pecados.*
> **(Santiago 5:20)**

¿Qué es la convicción de pecado?

Para que el Espíritu Santo pueda hacer Su obra en nuestro corazón, tenemos que recibir convicción de pecado. Convicción no es sentir culpabilidad o vergüenza por el pecado; no es temor al castigo divino; ni conocimiento del bien y el mal.

La convicción es sentir repugnancia total por el pecado. Cuando hemos estado en la presencia de Dios, y conocemos Su belleza, Su pureza y Su santidad, nos damos cuenta que el pecado no puede habitar junto a Él. Dijo el profeta Isaías: *"¡Ay de mí! que soy muerto; porque siendo hombre inmundo de labios* [...] *han visto mis ojos al Rey, Jehová de los ejércitos"* (Isaías 6:5). Por eso es tan importante no contristar al Espíritu Santo en la iglesia.

> *Y no contristéis al Espíritu Santo de Dios, con el cual fuisteis sellados para el día de la redención.* **(Efesios 4:30)**

PREGUNTA

¿Cómo puede estar seguro de que está convertido?

Tome unos minutos para escribir su respuesta.

____

____

____

____

____

____

Si la persona no es transformada en algo diferente, puede tener la seguridad de que no ha sido convertida. Estos son algunos ejemplos de conversión: si usted solía fumar, ahora ya no lo hace; si solía maldecir, mentir, adulterar o fornicar, ya no lo hace más. Estos son frutos de haber sido transformado, y es la mejor prueba de haber sido convertido.

3. Sean borrados vuestros pecados

> *Así que, arrepentíos y convertíos, para que sean borrados vuestros pecados; para que vengan de la presencia del Señor tiempos de refrigerio.* **(Hechos 3:19)**

Aquí la palabra "borrar" significa remover de la memoria; es sacar de la existencia. Cuando sus pecados han sido borrados, es difícil recordar lo que se solía hacer. Pareciera la vida de otra persona.

¿Cuál es la tentación del diablo?

Cuando el Espíritu Santo hace Su obra en usted, borra todo su pecado, lo limpia y transforma. El diablo querrá acusarlo frente a Dios y recordarle su pasado para que vuelva atrás. Con este fin le enviará viejas amistades que le recuerden lo malo que solía hacer, que lo tienten a volver a su vieja manera de vivir. Pero Dios ya borró para siempre todos sus pecados por medio de la sangre de Cristo y no se acuerda más de sus transgresiones. Por eso es importante que usted no caiga en la tentación.

> *De modo que si alguno está en Cristo, nueva criatura es; las cosas viejas pasaron; he aquí todas son hechas nuevas.* **(2 Corintios 5:17)**

Conclusión

Es importante que usted, como nuevo creyente, complete su proceso de conversión. Es decir, que permita que el Espíritu Santo lo guíe al arrepentimiento, lo limpie y borre sus pecados para que sea completamente transformado en un nuevo hombre o una nueva mujer que agrada a Dios, y vive apartado del pecado. ¿Está listo para dejar que el Espíritu Santo le traiga convicción de pecado y de su necesidad de arrepentimiento? ¿Está dispuesto a dar un giro de 180 grados en su vida para no desagradar ni entristecer a Dios? ¡Hoy es el día!

TESTIMONIO

El pastor Douglas Camarillo es Licenciado en Administración de Empresas, con un Máster en Mercadeo. Éste es su testimonio:

> *"Yo era un hombre muy dado a las fiestas, los eventos sociales, las mujeres, etcétera, ya que me desenvolvía en los medios de comunicación venezolanos. Desde muy joven fui independiente. Venía de un hogar disfuncional, donde mis padres se divorciaron cuando yo apenas tenía doce años. Mi segunda mamá fue la señora de servicio. Con el apoyo de mi papá, proseguí mis estudios y me*

gradué con excelentes calificaciones. Muy joven escalé posiciones, y a los veinticinco años llegué a formar parte del grupo de ejecutivos de una importante cadena de radio y televisión de mi país. La vida corría vertiginosamente, ganaba muy buen dinero y vivía una vida desenfrenada. Era un mundo espumante, de constantes reuniones de trabajo y eventos sociales, donde abundaban el alcohol y las mujeres. Conocí a Nena, mi esposa, cuando tenía treinta y un años de edad. Ella trabajaba en el canal de televisión de la competencia. Nos enamoramos, nos casamos, y nos vinimos a vivir a Miami donde seguí conectado a los medios de comunicación. Trabajé en varios medios, hasta que un día, con nuestro matrimonio hecho pedazos, llegamos a la iglesia El Rey Jesús. Antes, peleábamos por ver quién mandaba más o quién pisaba al otro. El orgullo hacía "desastres" en nuestra relación. Hasta pensé dejar botado todo; mi esposa , mi hogar. Pero llegó Jesús y cambió radicalmente nuestra vida. Nos arrepentimos sinceramente de todo pecado. Nos rendimos a la obra del Espíritu Santo y Él restauró nuestro matrimonio, trituró nuestro orgullo y acabó con la ira, los pleitos y las contiendas en nuestro hogar. Puso las cosas en orden y aprendimos cuál era el lugar de cada uno en el matrimonio. Recibimos consejería y sanidad interior en la iglesia y el orden de Dios trajo paz a nuestras vidas. Ahora, llevamos más de veinte años casados y estamos más enamorados que el primer día. Obviamente, con los ajustes y cambios regulares de una vida en matrimonio, pero con bendición y tranquilidad".

PREGUNTAS FINALES

- ¿Qué es el arrepentimiento genuino?
- ¿Cuáles son los agentes de limpieza del Espíritu Santo?
- ¿Cuál es el mayor obstáculo para el arrepentimiento?
- ¿Qué es la convicción de pecado?

ACTIVACIÓN

- El maestro guiará a los estudiantes a orar para que el Espíritu Santo les traiga convicción de los pecados que todavía los separan de Dios.

- Los guiará a rendirse a la convicción de pecado y a pedir perdón por cada transgresión que el Espíritu Santo traiga a su memoria.

TAREA

- Repase estos puntos importantes de la clase:
    - El arrepentimiento es un cambio de mente, un cambio del hombre interior.
    - El verdadero arrepentimiento se manifiesta en frutos evidentes, donde el que robaba no roba más, el que mentía no miente más, etcétera.
    - La limpieza del Espíritu Santo completa el cambio que comienza con el arrepentimiento. Si no somos limpiados, el proceso no está completo.
    - Los agentes de limpieza del Espíritu Santo son: la Palabra y la sangre de Cristo.
    - El mayor obstáculo para el arrepentimiento es el orgullo.
    - El verdadero arrepentimiento siempre tiene lugar en la presencia de Dios.
    - Conversión es hacer un cambio de dirección. Es dar una vuelta en "U" o un giro de 180 grados.
    - La conversión nos aleja del pecado, la iniquidad y todo lo que le desagrada a Dios.
    - El arrepentimiento y la conversión abren el camino para que Dios borre nuestros pecados.
    - Borrar es remover algo de la memoria, es sacar de la existencia.
    - El diablo tratará de recordarnos el pecado para que no creamos que hemos sido limpios; y traerá gente que nos recuerde el pasado y nos tiente a volver atrás.

- Lea en su Biblia el capítulo 4 de Efesios, del versículo 17 en adelante (considere la palabra "gentiles" como una manera de referirse a personas mundanas, o que viven sin Dios). Luego, conteste las siguientes preguntas:
    - ¿Se le permite al cristiano vivir y actuar como gentiles?
    - ¿Qué quiere decir que andan en la vanidad de su mente?
    - ¿Cuál es la causa de la ignorancia en ellos?

- ¿A qué se compara nuestra vieja forma de vivir, y qué hacemos con ella?
- ¿Comete usted habitualmente alguno de los pecados mencionados en esos pasajes?
- ¿Qué le sucede al Espíritu Santo cuando vivimos en pecado? (v.30)

- Cada vez que usted peque y sienta la convicción del Espíritu Santo, deje de hacer lo que está haciendo y ore una oración como esta:

  Amado Padre Celestial, yo reconozco que he pecado contra Ti cuando...

  [Declare aquí su pecado ante Dios].

  Hoy me arrepiento de haber pecado y pido que la sangre de Cristo me cubra y borre mi pecado. Perdóname por haberte contristado. Gracias Señor, porque sé que Tú me restauras ahora. En el nombre de Jesús te lo pido. Amén.

CLASE 6

La muerte de Jesús I

OBJETIVO

- Aprender cómo y por qué murió Jesús.
- Conocer cuál fue el proceso de Su muerte.
- Recibir revelación de la obra terminada de Jesús en la cruz para que ésta no sea en vano.

Esta enseñanza fue recibida de parte de Dios por el Apóstol Guillermo Maldonado, con el propósito de transformar las vidas de quienes la reciben. El maestro debe apegarse a los objetivos y contendido de cada clase, **enseñando 45 minutos** y **ministrando 15 minutos**. Seguir estas instrucciones traerá disciplina al maestro y cambios radicales para todos.

La muerte de Jesús I

Repaso de la clase anterior:

- El arrepentimiento es un cambio de mente, y se manifiesta con frutos evidentes.
- La limpieza del Espíritu Santo completa el cambio, con la Palabra y la sangre de Cristo.
- El arrepentimiento sucede en la presencia de Dios y su mayor obstáculo es el orgullo.
- Conversión es dar un giro de 180 grados y alejarnos de todo lo que le desagrada a Dios.
- En la conversión, el Espíritu Santo trae convicción a la conciencia humana, llevándonos al arrepentimiento. Debemos ceder y rendirnos a ésta para que nuestra conciencia no se endurezca.
- La tentación del diablo es traernos a la memoria el pecado para que dudemos de nuestra limpieza. ¡Debemos resistirlo y completar nuestro proceso!

PREGUNTA

¿Por qué cree que Jesús tuvo que ir a la cruz?

Tome un minuto para escribir su respuesta.

Independientemente de cómo las personas lo vean, el pecado siempre terminará en muerte. Si no nos arrepentimos y le damos la espalda, terminaremos donde el enemigo quiere que estemos. Por eso, todos necesitamos el perdón de pecados. Afortunadamente, Jesús tomó la naturaleza humana, vino a la tierra y murió en nuestro lugar. Él experimentó la muerte para que nosotros recibamos la plenitud de vida. Su obediencia y el poder de Su sacrificio fueron tales que hoy podemos hacerlo efectivo en nuestras vidas, no sólo en lo espiritual, sino también en lo físico.

Cristo experimentó la muerte en dos fases

Estas son las mismas dos fases de la muerte por las que debe pasar toda persona, desde la expulsión de Adán del huerto de Edén:

1. ***Muerte espiritual:*** Esta muerte nos separa de Dios a causa del pecado. Adán experimentó esta muerte cuando pecó por primera vez contra Dios (vea Génesis 2:17). Él no murió físicamente, pero su espíritu fue inmediatamente separado del Espíritu de Dios.

2. ***Muerte física:*** Esta muerte ocurre cuando el alma y el espíritu se separan de nuestro cuerpo. El cuerpo permanece, mientras nuestra alma y espíritu van al cielo o al infierno, según cómo hayamos vivido durante nuestro tiempo en la tierra.

PREGUNTA

¿En qué ocasiones se ha sentido abandonado? ¿Qué consecuencias cree que tuvo eso en su vida?

Tome unos minutos para pensar y escribir su respuesta personal.

La muerte espiritual de Jesús

Jesús nació sin pecado, al igual que Adán. Él vino a este mundo en la misma condición que nosotros, con nuestras mismas debilidades y soportando tentaciones. Sin embargo, como estaba en constante comunión con Dios, vivió una vida libre de pecado y Su vida espiritual siempre estuvo unida al Espíritu del Padre.

Al "beber la copa de la iniquidad" en el jardín de Getsemaní (vea Lucas 22:39-46), Jesús cargó con los pecados de la humanidad y se hizo pecado por nosotros. Con este acto, Él perdió Su vida espiritual.

> *Cerca de la hora novena, Jesús clamó a gran voz, diciendo: Elí, Elí, ¿lama sabactani? Esto es: Dios mío, Dios mío, ¿por qué me has desamparado?* **(Mateo 27:46)**

Dios el Padre tuvo que darle la espalda a Jesús, porque Él no cohabita con el pecado. Por lo tanto, tuvo que separarse de Su Hijo y, a su vez, Jesús tuvo que recibir castigo por el pecado que cargaba.

Solo el pecado puede separar un alma de Dios. El Padre no ha perdido el poder o la capacidad de escuchar las oraciones de Su pueblo, pero el pecado impide que lleguen a Él. Esta era la misma condición del pueblo de Israel antes de Cristo, y es nuestra condición antes de aceptar Su sacrificio y victoria sobre el pecado. Necesitamos arrepentirnos de nuestros malos caminos para que la sangre de Cristo nos limpie.

La muerte física de Jesús

Antes de entrar en esta parte, debo explicar brevemente dos puntos importantes para entender plenamente la revelación de la cruz:

- ***La manera en que murió Jesús.*** En la época de Jesús, la crucifixión estaba reservada para los peores criminales, así como para los traidores al imperio romano. Ser condenado a la cruz no solo le negaba al criminal todo derecho legal, sino que lo situaba en la categoría de infrahumano y lo excluía totalmente de la sociedad. Era la forma más humillante de morir.

  > *Como se asombraron de ti muchos, de tal manera fue desfigurado de los hombres su parecer, y su hermosura más que la de los hijos de los hombres.* **(Isaías 52:14)**

- ***La revelación de la cruz.*** Algunas personas usan la cruz como un amuleto alrededor del cuello, sin saber que ese objeto por sí solo no tiene poder alguno contra el diablo o cualquier fuerza en el mundo espiritual. Es la muerte de Jesús en la cruz y Su sangre derramada, la que desata todo el poder del cielo contra las tinieblas. *"Cristo nos redimió de la maldición de la ley, hecho por nosotros maldición..."* (Gálatas 3:13). Esta muerte borró el pecado y le permitió a Jesús entrar en el infierno y quitarle a Satanás el poder que tenía para oprimir a la humanidad en una prisión de muerte y esclavitud eterna. Para beneficiarnos de este poder, debemos tener la revelación de la obra completa de la cruz.

¿Por qué Jesús tuvo que sufrir?

Las Escrituras enseñan que Jesús tuvo que sufrir porque así el Padre lo había predeterminado, a fin de rescatar al hombre de las manos del diablo. *"Pero Dios ha cumplido así lo que había antes anunciado por boca de todos sus profetas, que su Cristo había de padecer"* (Hechos 3:18). (Vea también, Hechos 2:23). Este sufrimiento era necesario para nuestra salvación. *"Y* [Jesús] *comenzó a enseñarles que le era necesario al Hijo del Hombre padecer mucho, y ser desechado por los ancianos, por los principales sacerdotes y por los escribas, y ser muerto, y resucitar después de tres días"* (Marcos 8:31).

¿Cuál fue el proceso de la crucifixión?

Casi 700 años antes, el profeta Isaías recibió revelación del tipo de castigo que tendría que padecer el cuerpo del Mesías.

- **El látigo**

> *Di mi cuerpo a los heridores, y mis mejillas a los que me mesaban la barba; no escondí mi rostro de injurias y de esputos.* **(Isaías 50:6)**

Los latigazos eran una forma de castigo que se aplicaba en la antigüedad. El látigo estaba hecho de correas de cuero, cubiertas con bolas de plomo, trozos de huesos afilados o dientes de oveja capaces de desgarrar la piel. El procedimiento consistía en desnudar a la persona, atarla a un pilote o estaca, o tumbarla en el suelo. La espalda, los glúteos y las piernas eran golpeados inicialmente por uno o dos soldados a fin de debilitar a la persona y dejarla al borde de la muerte. Con frecuencia, se le arrancaba la barba con la mano. Jesús se sometió de forma voluntaria a todo ese castigo. Él eligió soportarlo para que nosotros no recibiéramos el castigo eterno.

- **El peso de la cruz**

Por lo general, el acusado iba desnudo, a menos que la costumbre local lo prohibiera. Como el peso total de la cruz era demasiado, solo se le ponía el madero horizontal sobre los hombros, mientras los brazos iban extendidos y atados al mismo. El reo era llevado en procesión –vigilado de cerca por la guardia militar romana– hasta el lugar donde se llevaría a cabo la crucifixión.

- **Clavado en la cruz**

Una vez que llegaban al lugar de la ejecución, el criminal era arrojado al suelo de espaldas; le extendían los brazos sobre el madero horizontal de la cruz y se clavaba al reo con clavos de hierro (en el caso de Jesús, fue clavado en la parte interior de las muñecas). Por último, levantaban la cruz y el acusado quedaba colgado de pies y manos, esperando la muerte, en terrible agonía.

- **El deterioro físico**

La deshidratación debido a la pérdida de sangre, la sudoración excesiva y la fiebre, producían una sed intolerable. Según la ley, al acusado se le permitía beber una mezcla de vino y mirra como analgésico suave para mitigar el dolor. A Jesús *"le dieron a beber vinagre mezclado con hiel; pero después de haberlo probado, no quiso beberlo"* (Mateo 27:34).

Finalmente, la obstrucción respiratoria producida por la postura, combinada con la fiebre traumática, el tétanos y el agotamiento, mataban al acusado. Para acelerar la muerte de quien era crucificado, se le quebraban las piernas con un martillo, y luego se le atravesaba el costado con una espada o una lanza; o se le asfixiaba con humo. En el caso de Cristo, solo atravesaron su costado con una lanza. Ninguno de Sus huesos fue quebrado, al igual que el cordero del sacrificio en la cultura hebrea: *"No dejarán del animal sacrificado para la mañana, ni quebrarán hueso de él; conforme a todos los ritos de la pascua la celebrarán"* (Números 9:12).

Para ese momento, Jesús ya estaba totalmente desfigurado debido a los múltiples hematomas, y a las heridas infectadas y supurantes. Su cuerpo fue azotado, la barba fue arrancada de Su rostro, y Su cabeza herida en múltiples puntos por la corona de espinas que le obligaron a llevar. Él sufrió el desprecio y el abandono de Su pueblo, entre los cuales había muchos que Él mismo había sanado y perdonado.

PREGUNTA

¿Qué diferencia encuentra entre la noción que tenía sobre la muerte de Jesús en la cruz y lo que ha aprendido hoy?

Tome un minuto para desarrollar su respuesta.

La revelación detrás de la crucifixión

Cristo sufrió una muerte sangrienta. Bebió de la copa dada por el Padre, llena del pecado suyo y el mío. Permitió que lo arrestaran, que lo juzgaran injustamente, que lo golpearan, que se burlaran de Él, que lo escupieran, que lo torturaran, que lo crucificaran y, finalmente, que lo mataran. Las virtudes que mantuvieron a Jesús a través de Su sufrimiento fueron el amor, la humildad, la paciencia y la fe; pero, sobre todo, saber quién era Él y por qué había venido a la tierra. Jesús no fue una víctima. Él estaba plenamente consciente del motivo por el cual moría y lo que sucedería después. Lo hizo porque sabía que Su muerte era el pago por nuestros pecados; porque era la única manera de cortar la maldición de iniquidad que pesaba sobre nosotros.

> *Al que no conoció pecado, por nosotros lo hizo pecado, para que nosotros fuésemos hechos justicia de Dios en Él.* **(2 Corintios 5:21)**

Conclusión

Jesús vino a la tierra sabiendo que iba a morir por los pecados de la humanidad. En esta lección vimos dos componentes de la muerte: la espiritual y la física. La muerte espiritual fue el resultado de la separación del Padre, debido a que Jesús cargaba todos los pecados de la humanidad. En realidad, todo ser humano, sin Jesús, vive en condición de muerte espiritual. Jesús también experimentó la muerte física. Esta muerte fue anunciada por varios profetas de la antigüedad. Jesús es el cumplimiento de esas profecías, al ser torturado y morir en la cruz.

TESTIMONIO

El siguiente es el testimonio de una joven coreana que descubrió a Jesús como el único capaz de entender y sanar todas las heridas de su pasado y presente. Su nombre es Jennifer, tiene 23 años y es analista de datos y relacionista internacional.

> *"Todo el mundo, en lo más profundo de su ser, busca un padre. Todos necesitamos identidad, afirmación, protección y la seguridad que un verdadero padre puede dar. Eso es Jesús para mí. Mirando mi pasado me doy cuenta que toda mi vida busqué el amor de mi padre en las relaciones que establecía con otras personas; tratando de ganar la aceptación de la gente. A los diez años, un familiar abusó de mí, y esto me afectó profundamente. Afectó mi manera de verme a mí misma y de ver a los hombres. Me llevó a un mundo oscuro, a probar lo que fuera con tal de anestesiar el dolor. Durante mi infancia y adolescencia fui abusada física, sexual y emocionalmente, más allá de lo que pensé que podría soportar. Había días en que estaba tan golpeada que ni siquiera podía sentarme en una silla; tenía heridas por todo el cuerpo. No quería ir a la escuela por miedo al rechazo y a la vergüenza. Traté de suicidarme muchas veces, porque estaba convencida de que era mi única salida de la miseria y el dolor. A los veinte años me vi envuelta en una relación emocionalmente abusiva, hasta que mi pareja me dijo que ya no me amaba más. Mientras lloraba mi desconsuelo, me di cuenta de que solo Dios podía amarme genuinamente. Esa noche le entregué mi vida a Jesús. Unos meses después me invitaron a una iglesia. Allí descubrí que tenía muchos asuntos enraizados, y necesitaba ser libre. Jesús comenzó a trabajar en mi corazón. Hoy, puedo decir que por la gracia de Cristo he sido transformada. He podido entender que Su amor es tan poderoso que puede tocar el*

corazón de cualquiera y transformarlo. No importa lo que haya pasado. En Jesús encontré la paternidad que tanto me había faltado. Él lo dio todo por mí y nunca me abandonará".

Preguntas finales

Por favor, conteste las siguientes preguntas:

- ¿Cómo nacimos nosotros con respecto al pecado?
- ¿Por qué Jesús tuvo que ser abandonado por el Padre para completar Su obra en la cruz?
- ¿Cuáles fueron las virtudes que mantuvieron a Jesús a través del sufrimiento que vivió desde Su arresto hasta Su crucifixión y muerte en la cruz?

ACTIVACIÓN

- El líder guiará a la gente a hacer una oración de perdón y aceptación, teniendo ahora mayor revelación y convicción del sacrificio de Jesús en la cruz. Los guiará a repetir la siguiente oración:

  "Padre celestial, yo reconozco que soy un pecador, y que mi pecado me separa de Ti. Hoy, creo que Jesús murió por mí en la cruz y que Dios el Padre lo resucitó de entre los muertos. Me arrepiento de todos mis pecados, y voluntariamente confieso a Jesús como mi Señor y Salvador. Renuncio a todo pacto con el mundo, con mi carne y con el diablo, y hago un pacto nuevo con Jesús. Te pido Señor que entres a mi corazón y cambies mi vida. El día que muera, al abrir mis ojos, sé que estaré en Tus brazos. ¡Amén!"

- Además, inspirará a la clase para que cada estudiante se comprometa a vivir para Jesús, desarrollando las mismas virtudes que Jesús tuvo al pasar por el sacrificio de la cruz.

TAREA

- Repase los siguientes puntos importantes de la clase:

  - La consecuencia del pecado siempre será la muerte; pero Jesús murió en nuestro lugar para que podamos recibir plenitud de vida.

- Jesús experimentó una muerte espiritual y una muerte física.
- Cuando Jesús bebió de la copa de iniquidad, se convirtió en pecado por nosotros y fue apartado de Dios.
- Jesús sufrió latigazos, cargó con el peso de la cruz, fue clavado de pies y manos; además del deterioro físico, como parte del proceso de crucifixión.
- El sufrimiento de Jesús era necesario para completar el plan de nuestra salvación.
- Jesús estaba plenamente consciente de la razón por la que moría, por quién lo hacía, y lo que sucedería después. Su sangre era el único pago aceptable por nuestros pecados.
- Fuera de Dios, todavía estamos en condición de pecado. Nuestra salvación consiste en aceptar el sacrificio de Jesús y hacerlo nuestro Señor y Salvador.

• ¿Necesita un milagro, una intervención sobrenatural de Dios? ¿Tiene un familiar o amigo que necesita que Dios obre en su vida? La revelación de la obra de Jesús en la cruz puede hacer que usted vea el poder de Dios en acción. Haga la siguiente oración:

"Amado Jesús, te doy gracias por la revelación que he recibido acerca de lo que realmente hiciste en la cruz. Creo con todo mi corazón que pagaste por mis pecados, enfermedades, necesidades y pobreza. Me apropio de Tu obra redentora, para que todo lo que hoy falta en mi vida sea provisto, pues Tú ya lo pagaste en la cruz. Hoy me apropio por fe de...

[Incluya aquí aquello que quiere recibir].

Lo declaro hecho, en el nombre de Jesús. ¡Amén!"

• Lea en su Biblia el capítulo 15 de Marcos y conteste las siguientes preguntas:

- ¿De qué acusaron a Jesús ante Pilato?
- ¿Por qué rehusó Jesús defenderse ante Pilato?
- ¿Cómo compararía el incidente de Jesús y Barrabás con nuestra salvación?
- ¿Qué gritaban los principales sacerdotes (v.14)?
- ¿Cuál fue el clamor de Jesús a la hora novena (3 de la tarde) (v.34)?

- ¿Qué revelación recibió el centurión (el soldado) que lo vio morir (v.39)? ¿Recibió usted la misma revelación?

CLASE 7

La muerte de Jesús II

OBJETIVO

- Aprender sobre la segunda muerte de Jesús, Su victoria sobre el enemigo y qué significa esto para la vida diaria del estudiante.
- Reflexionar sobre el efecto que el pecado ha tenido sobre su vida sin que él lo supiera y que tome una decisión al respecto.
- Apropiarse de la obra completa de Jesús en la cruz para vivir sin pecado ni iniquidad.

Esta enseñanza fue recibida de parte de Dios por el Apóstol Guillermo Maldonado, con el propósito de transformar las vidas de quienes la reciben. El maestro debe apegarse a los objetivos y contendido de cada clase, **enseñando 45 minutos** y **ministrando 15 minutos**. Seguir estas instrucciones traerá disciplina al maestro y cambios radicales para todos.

La muerte de Jesús II

Repaso de la clase anterior:

- La consecuencia del pecado es muerte; pero Jesús murió para darnos vida.
- Jesús experimentó muerte espiritual y muerte física.
- Jesús bebió la copa de iniquidad y se convirtió en pecado por nosotros; fue separado del Padre porque Dios no cohabita con el pecado.
- La revelación de la cruz incluye conocer cómo murió Jesús, el poder de Su muerte en la cruz y qué significa esto en nuestras vidas.
- Jesús sufrió latigazos, llevó el peso de la cruz, fue clavado de pies y manos, y soportó el deterioro físico antes de entregar Su espíritu en la cruz.
- El sufrimiento de Jesús fue necesario para completar el plan de nuestra salvación.
- La muerte de Jesús era el único pago aceptable por nuestros pecados, y Él lo sabía; por eso, se entregó voluntariamente.
- Sin Dios, seguimos en pecado. Solo por el sacrificio de Jesús somos salvos.

PREGUNTA

De todo el proceso de arresto, tortura, crucifixión y muerte de Jesús, ¿qué fue lo más duro de soportar para Jesús, y por qué?

Tome unos minutos para meditar y escribir su respuesta.

En el Huerto de Getsemaní, Jesús bebió de la copa que el Padre le dio para completar el plan de redención del género humano. No se trataba de una copa en sentido literal, sino que era un recipiente que estaba lleno de todos los pecados más horribles que usted y yo pudiésemos imaginar. Toda la suciedad del mundo se vació sobre un solo hombre. El Padre tuvo que proveer un cordero con la misma naturaleza de Adán, pero sin mancha, para limpiar a la raza terrenal. Es inconcebible imaginar que el Hijo de Dios, puro y santo, de repente recibiera sobre Él la suciedad de todos los pecados de la gente, desde el comienzo hasta el fin de los tiempos. Por eso, en un principio, Jesús clamó: *"Padre mío, si es posible, pase de mí esta copa"* (Mateo 26:39).

El dolor del Calvario, aunque horrible, fue apenas el inicio. La parte más dolorosa fue llevar en Su alma la concentración de la maldad y el pecado humano. Por eso, Jesús *"otra vez fue, y oró por segunda vez, diciendo: Padre mío, si no puede pasar de mí esta copa sin que yo la beba, hágase tu voluntad"* (Mateo 26:42). Para Jesús no fue una decisión fácil. A Él no le preocupaba tanto la muerte física como el contenido de la copa que el Padre le dio a beber, porque esa enorme carga de pecado lo separaría del Padre y, estar lejos de Dios, le producía un terror enorme. El abandono del Padre fue lo que mató a Jesús.

Sin embargo, cargar con todos los pecados de la humanidad fue la clave para desatar lo más importante del plan de Dios. Una vez que Jesús se convirtió en pecado y murió en la cruz, estuvo preparado para cumplir con la parte espiritual de Su asignación: la derrota de Satanás y la salvación de la humanidad. Habiendo pagado con Su sangre por todos los pecados, como cordero sin mancha (en Jesús no había pecado alguno), lo que seguía era despojar a Satanás de toda autoridad sobre nosotros.

Pregunta

Si un hijo suyo o un ser querido fuera secuestrado, ¿qué estaría usted dispuesto a dar por su rescate?

Tome un minuto para meditar y escribir su respuesta.

La muerte segunda de Jesús

¿Qué sucedió en el camino de la cruz al cielo? La Biblia dice que el espíritu de Jesús descendió al Seol o Hades; *"porque como estuvo Jonás en el vientre del gran pez tres días y tres noches, así estará el Hijo del Hombre en el corazón de la tierra tres días y tres noches"* (Mateo 12:40). Pablo dice que "[Jesús] *subiendo a lo alto, llevó cautiva la cautividad, y dio dones a los hombres"* (Efesios 4:8). Pablo usa el término "subir", dando a entender que primero descendió. Cristo no ascendió a los cielos hasta que primero hubo descendido al Seol. La palabra Seol en el Antiguo Testamento representa el lugar donde iban los espíritus de todo ser humano muerto. En el Nuevo Testamento, escrito en Griego, este lugar se denomina el Hades. Los Evangelios no cuentan lo que ocurrió en el Seol; más bien, esto aparece en el libro de los Salmos. Es allí donde Dios nos revela lo que Jesús pasó al cumplir Su segunda y última muerte.

- **Jesús fue juzgado por el pecado en Su alma y espíritu.**

Jesús fue separado de la presencia de Dios para sufrir la segunda muerte en el Hades. Allí sufrió la ira de Dios por los pecados y la iniquidad de la humanidad (vea Levítico 16:22). Fue colocado en la oscuridad más extrema, solo y abandonado, pero lo hizo para darnos la salvación, para mostrar Sus maravillas y glorificarse sobre el enemigo. *"Con todo eso, Jehová quiso quebrantarlo, sujetándole a padecimiento. Cuando haya puesto su vida en expiación por el pecado, verá linaje, vivirá por largos días, y la voluntad de Jehová será en su mano prosperada"* (Isaías 53:10).

PREGUNTA

¿Alguna vez pensó que el pecado era la razón de la depresión, soledad, rechazo, enfermedad, pobreza o aflicciones en su vida? ¿De dónde creía que venían todos esos males?

Tome un momento para meditar seriamente esta pregunta y escriba su respuesta sincera.

____

____

____

____

____

El Salmo 88 narra la condición de Jesús mientras estaba en el infierno, donde pagó por los pecados de la humanidad. Esta narración refleja el gran clamor que salió del corazón de Jesús al cumplir Su llamado:

> *Porque mi alma está hastiada de males, y mi vida cercana al Seol. Soy contado entre los que descienden al sepulcro; soy como hombre sin fuerza, abandonado entre los muertos, como los pasados a espada que yacen en el sepulcro, de quienes no te acuerdas ya, y que fueron arrebatados de tu mano. Me has puesto en el hoyo profundo, en tinieblas, en lugares profundos. Sobre mí reposa tu ira, y me has afligido con todas tus ondas. Has alejado de mí mis conocidos; me has puesto por abominación a ellos; encerrado estoy, y no puedo salir. [...] Mas yo a ti he clamado, oh Jehová, y de mañana mi oración se presentará delante de ti. ¿Por qué, oh Jehová, desechas mi alma? ¿Por qué escondes de mí tu rostro? Yo estoy afligido y menesteroso; desde la juventud he llevado tus terrores, he estado medroso. Sobre mí han pasado tus iras, y me oprimen tus terrores. Me han rodeado como aguas continuamente; a una me han cercado. Has alejado de mí al amigo y al compañero, y a mis conocidos has puesto en tinieblas.* **(Salmos 88:3-8, 13-18)**

- **Jesús fue vivificado en Su espíritu y conquistó la muerte por nosotros.**

> *Porque también Cristo padeció una sola vez por los pecados, el justo por los injustos, para llevarnos a Dios, siendo a la verdad muerto en la carne, pero vivificado en espíritu.* **(1 Pedro 3:18)**

Una vez completado el proceso de Su muerte física y espiritual, el espíritu de Jesús fue "vivificado" una vez más. Cuando Satanás lo creía vencido, Jesús le asestó una derrota eterna, absoluta e irrevocable, arrebatándole al mismo tiempo las llaves del Hades y de la muerte. Entonces, Jesús estaba listo para ser resucitado como vencedor, habiendo conquistado el pecado, la muerte y el infierno.

- **Jesús pregonó Su victoria entre los espíritus encarcelados.**

Antes de dejar aquel lugar horrible, Jesús hizo algo más. La Biblia habla acerca de la actividad de Jesús en el infierno. Dice que *"también fue y predicó a los espíritus encarcelados"* (1 Pedro 3:19). ¿Significa que Cristo predicó el evangelio a los demonios? ¡No! En el original griego se usa un término que alude a una proclama, como la que haría un heraldo. Es decir, Cristo, como Heraldo del Padre, fue donde estaban esos demonios encarcelados, diciendo: *"¡Ahora Yo tengo las llaves del infierno y de la muerte! ¡He vencido a su líder!"* Por lo tanto, Jesús no le predicó a los demonios, sino que proclamó (anunció o pregonó) Su victoria. ¡Jesús ganó lo que era imposible para nosotros!

- **Jesús predicó el evangelio a los que habían muerto esperando al Mesías.**

> *Porque por esto también ha sido predicado el evangelio a los muertos, para que sean juzgados en carne según los hombres, pero vivan en espíritu según Dios.* **(1 Pedro 4:6)**

La última tarea de Jesús antes de ser levantado de la muerte por el Padre, fue anunciar el evangelio a quienes estaban en el paraíso o seno de Abraham. Usted se preguntará ¿por qué regresó Jesús por los que ya habían muerto? La respuesta es que la obra de Jesús se extiende a toda la raza humana, antes y después de Su primera venida a la tierra. Él lo hizo para que también tuvieran oportunidad de salvación, pues ellos habían muerto en fe antes que Cristo pudiera darles testimonio. Al escuchar las palabras de Jesús en el Seol se levantaron de sus sepulcros (vea Mateo 27:52-53) y fueron los primeros en recibir el evangelio después que Cristo venciera a Satanás en el infierno.

- **Jesús no fue conmovido ni Su cuerpo vio corrupción.**

"Mi carne también reposará confiadamente; porque no dejarás mi alma en el Seol, ni permitirás que tu santo vea corrupción" (Salmos 16:9-10). El Espíritu de Cristo profetizó a través de David, quien mostró lo que le sucedería al Mesías. Note que dice que Su carne reposará

confiadamente; esto se refiere a Su cuerpo en la tumba; mientras que de Su espíritu o alma dice que no quedaría en el Seol para siempre. Pedro afirma que David *"viéndolo antes, habló de la resurrección de Cristo, que su alma no fue dejada en el Hades, ni su carne vio corrupción. A este Jesús resucitó Dios, de lo cual todos nosotros somos testigos. Así que, exaltado por la diestra de Dios, y habiendo recibido del Padre la promesa del Espíritu Santo, ha derramado esto que vosotros veis y oís"* (Hechos 2:31-33).

Esta es la restauración completa del Hijo, hecha por el Padre, para reunirlo con Él para siempre. En esta victoria Jesús nos incluyó para la vida eterna, tal como Adán nos había incluido para la muerte eterna cuando pecó.

> *Mas él herido fue por nuestras rebeliones, molido por nuestros pecados; el castigo de nuestra paz fue sobre él, y por su llaga fuimos nosotros curados.* **(Isaías 53:5)**

Conclusión

Hoy podemos experimentar los beneficios de aquel sacrificio que nunca expira gracias a Jesús. Su obra se extiende a cada nuevo ser humano que entra a este mundo en pecado. Todos tenemos la posibilidad de apropiarnos de la obra de Jesús. Nosotros somos testigos de los milagros de redención, sanidad y liberación que la muerte y resurrección de Cristo trae a las vidas que lo reconocen como Señor y Salvador. Si usted ha pasado situaciones difíciles; si la enfermedad le ha robado la salud; si la amargura le ha quitado la alegría; si la imposibilidad de superar el vacío en su interior lo ha llenado de frustración; si la incapacidad de restaurar sus vínculos afectivos en el matrimonio, con los hijos, los padres o consigo mismo, lo tienen desgastado o deprimido; si está cansado de soportar tanto sufrimiento, le presento la única solución. Hoy, Jesús quiere hacerse real en su corazón y manifestar Su poder transformador en todos los aspectos de su vida; pero, sobre todo, en su destino eterno. Hoy puede comenzar a ver cómo esto se hace realidad, gracias a que Jesús pagó en la cruz el precio completo por usted.

TESTIMONIO

Wan es una mujer china que, debido a su crianza se volvió atea. Al venir a los Estados Unidos conoció a Jesús, pero tuvo que recorrer un largo camino para entender la plenitud del sacrificio de Cristo en la cruz, el cual tiene poder para salvar, sanar, liberar y prosperar. Este es su testimonio:

> *"Mi nombre es Wan y nací en China. En mi país fui criada como atea. Me enseñaron que 'el hombre puede ganar el cielo por sí mismo'; es decir, 'fe en el yo'. También me enseñaron que debía luchar por la verdad. Yo hice un gran esfuerzo para llegar de una pequeña aldea a las mejores universidades para estudiar, pero aun así, no podía encontrar el propósito de mi vida. Por curiosidad vine a América. Aquí, Jesús tuvo misericordia de mí, me tocó y me convertí. Le entregué mi vida de todo corazón a Él. Sin embargo, pronto me vi atrapada en la religión. Después de leer la Biblia, quise caminar como Jesús; no solo enseñando y predicando, sino también sanando al enfermo, echando fuera demonios, haciendo milagros, señales y maravillas. De repente sentí que había encontrado mi propósito en la vida. Visité muchas iglesias, pero no encontré ninguna que entrenara a los creyentes para eso. De hecho, algunos líderes me dijeron que estaba equivocada, otros me dijeron que los milagros ya no existen. Traté de seguir a Jesús con el poco conocimiento que tenía. Estaba completamente perdida, no tenía esperanza en la religión que me había llevado a creer que "cuanto más pobre, más santo". Estuve a punto de vivir en la calle. Cuando ya estaba dispuesta a aislarme en un lugar remoto y no pensar nunca más en Dios, llegué al Ministerio El Rey Jesús, en Miami. Aquí, me entrenaron a caminar en el poder sobrenatural de Cristo Jesús. Mi mentalidad cambió de terrenal a celestial. Tuve la revelación de que mi fuente es mi Padre celestial y trabajo, no para hacer dinero, sino para tomar territorio. Dondequiera que voy, evangelizo y oro por los enfermos. Le agradezco a Jesús por abrir mis ojos y dejarme ver la verdad. Fui completamente libre del espíritu de tradicionalismo, religiosidad y pobreza. Aprendí a creerle a Jesús, orar, ayunar y sembrar; lo cual me ha llevado a tener más hambre por la verdad de Dios. En la Universidad del Ministerio Sobrenatural, he sido equipada para evangelizar y dar pasos osados por el Reino. Jesús me ha dado Su amor, y me ha revelado Sus misterios".*

PREGUNTAS FINALES

Por favor, conteste las siguientes preguntas basadas en el contenido de la clase:

- ¿Cuál fue la parte más dolorosa de todo el sufrimiento y sacrificio de Jesús para librarnos del pecado?
- ¿Qué hizo Jesús durante los tres días que estuvo muerto?
- ¿Qué provocó en Jesús el estar lleno de pecado y en el infierno?
- ¿Qué hizo Jesús en el Hades?
- ¿Qué pasó con el cuerpo de Jesús?
- Diga en sus propias palabras ¿qué conquistó para nosotros Jesús en la cruz, en el infierno y en Su resurrección?

ACTIVACIÓN

- El líder guiará a los estudiantes, en oración, a reconocer lo que Jesús hizo en la cruz por ellos; y los llevará a declarar el poder de la victoria y resurrección de Jesús sobre sus vidas, para que tengan una vida libre de opresión y pecado.

- Luego, harán juntos el compromiso de dejar que la revelación del sacrificio de Jesús transforme sus vidas cada día.

TAREA

- Repase los siguientes puntos importantes de la clase:

  - Beber de la copa de la iniquidad fue la tarea más difícil de Jesús, porque Él sabía que contenía todos los pecados de la humanidad y que eso lo separaría del Padre.
  - El camino de la cruz al cielo fue el proceso que siguió Jesús después de Su muerte espiritual y física en la cruz.
  - Jesús primero descendió al infierno donde recibió el juicio de Dios por el pecado de toda la humanidad.
  - Luego, Jesús fue vivificado en el Espíritu y derrotó al diablo de una vez y para siempre, quitándole las llaves de la muerte.
  - Jesús proclamó Su victoria a los demonios y dio testimonio a las personas que habían muerto en fe antes de Su tiempo. ¡Ellos fueron resucitados!

- El cuerpo de Jesús no sufrió corrupción.
- Jesús fue restaurado como Hijo de Dios y reunido con el Padre como parte de la Divinidad.
- A través de la victoria de Jesús, el hombre ha recibido el regalo de la vida eterna.

- Si se encuentra deprimido, enfermo o en aflicción, aprópiese de la obra terminada de Jesús en la cruz y en el Seol para ser libre y sano. Despójese de todos los pecados que lo asedian, con la revelación de que Jesús ya pagó por ellos y los dejó sepultados en el infierno.

- Tome la siguiente oración como ejemplo:

  "Padre celestial, yo reconozco que el pecado estaba acabando con mi vida. No lo sabía, pero el pecado había llenado mi vida de dolor, enfermedad, relaciones rotas, adicciones, perversiones, inmoralidad y mucho más. Hoy, me arrepiento de todo corazón y clamo la sangre de Cristo derramada en la cruz y Su obra en el Seol para hacerme libre, salvo y sano. Hoy, me apropio de Su obra y la declaro completa sobre mi vida, mi salud, mi familia, mis finanzas, mis planes y mi propósito en esta vida. Me declaro uno con Cristo en Su muerte y en Su resurrección. Soy levantado de la muerte que produce el pecado a la vida en santidad con el Padre. Oro esto en el nombre de Jesús. ¡Amén!"

- Para complementar y entender mejor esta clase, lea en su Biblia, el capítulo 53 del libro de Isaías, y responda las siguientes preguntas.

  - ¿En qué versículo se dio cuenta usted que el profeta Isaías, en el Antiguo Testamento, hablaba de Jesús?
  - Copie aquí los versículo 4 y 5 para que los pueda memorizar. Así, cuando ore por sus necesidades, puede referirse a estos versículos y aplicar la Palabra a sus oraciones.
  - ¿Cuál fue la actitud de Jesús frente a los ultrajes que sufría, según el versículo 7?
  - ¿Cuál sería la recompensa de Jesús luego de pasar todo lo que el Padre impondría sobre Él y el pecado que cargaría?
  - Después de leer este capítulo ¿cuál es su reflexión final?

CLASE 8

El proceso de limpieza del creyente

OBJETIVO

- Que los estudiantes reconozcan la necesidad de la convicción del Espíritu Santo.
- Que cada uno reconozca su propia urgencia de estar limpios para el regreso de Jesús por Su iglesia.

Esta enseñanza fue recibida de parte de Dios por el Apóstol Guillermo Maldonado, con el propósito de transformar las vidas de quienes la reciben. El maestro debe apegarse a los objetivos y contendido de cada clase, **enseñando 45 minutos** y **ministrando 15 minutos**. Seguir estas instrucciones traerá disciplina al maestro y cambios radicales para todos.

El proceso de limpieza del creyente

Repaso de la clase anterior:

- Lo más difícil para Jesús fue beber la copa de iniquidad porque lo separaría del Padre.
- Jesús primero descendió al infierno y recibió el juicio por el pecado de todos.
- Luego, fue vivificado en el Espíritu y derrotó al diablo.
- Jesús proclamó Su victoria a los demonios y dio testimonio a los muertos en la fe.
- El cuerpo de Jesús no sufrió corrupción.
- Él fue restaurado como Hijo de Dios y reunido con el Padre.
- A través de la victoria de Jesús, el ser humano puede recibir la vida eterna.

En la clase 5 vimos la limpieza espiritual como parte del proceso del creyente; algo que sucede luego que nos arrepentimos de nuestros pecados. Ahora vamos a estudiar esto con más detalle. Cuando confesamos nuestros pecados y nos arrepentimos de ellos, somos perdonados y la sangre de Jesús nos limpia. Al ser perdonados, todos nuestros pecados son borrados. La sangre de Cristo termina con el reinado de

Satanás en nuestra vida, y somos separados del mundo, del pecado y la maldad, porque la sangre de Jesús nos lleva a hacer las paces con Dios.

PREGUNTA

¿Considera que ya comenzó su proceso personal de limpieza? ¿Cómo se dio cuenta de eso? Y si no, ¿qué impide que usted se entregue a ese proceso?

Tome unos minutos para reflexionar sobre estas preguntas y escribir su respuesta.

El proceso de limpieza se realiza a lo largo del tiempo, a medida que recibimos revelación, que tomamos decisiones y nos mantenemos libres de pecado. La mayoría de la gente se arrepiente genuinamente, pero sigue luchando con culpabilidad, mala conciencia, condenación, etcétera; porque ahora no se trata del perdón de pecados, sino de la limpieza de corazón. Es un proceso de cambio interno que todos debemos atravesar. Lo triste es que no todas las personas están dispuestas a pasarlo. Entonces, el cambio no es completo y el pecado regresa. Esta es la razón por la que muchos vuelven a su estado anterior.

El arrepentimiento sin el proceso de limpieza no produce fruto; éste es un problema frecuente en el nuevo creyente.

PREGUNTA

¿Ha pertenecido antes a una iglesia donde sentía que no había cambio alguno en su vida? ¿Por qué cree que sucedió esto?

Medite su respuesta y escríbala a continuación.

¿La Iglesia está en proceso de limpieza?

> *Pero tienes unas pocas personas en Sardis que no han manchado sus vestiduras; y andarán conmigo en vestiduras blancas, porque son dignas. El que venciere será vestido de vestiduras blancas; y no borraré su nombre del libro de la vida, y confesaré su nombre delante de mi Padre, y delante de sus ángeles. El que tiene oído, oiga lo que el Espíritu dice a las iglesias.* **(Apocalipsis 3:4-6)**

Si usted preguntara qué está haciendo y diciendo el Espíritu Santo ahora, la respuesta sería que Él está limpiando y purificando a la iglesia en todo el mundo. Estos son días de purificación, purga, limpieza y refinación. Comienza por los ministros y sigue con los adoradores, intercesores, líderes y creyentes. La iglesia entera está siendo limpiada, inclusive el remanente. Debemos verlo, discernirlo y reconocerlo en el ámbito espiritual. Esto fue lo que profetizó el último de los profetas del Antiguo Testamento acerca de Jesús:

> *He aquí, yo envío mi mensajero, el cual preparará el camino delante de mí; y vendrá súbitamente a su templo el Señor a quien vosotros buscáis, y el ángel del pacto, a quien deseáis vosotros. He aquí viene, ha dicho Jehová de los ejércitos. ¿Y quién podrá soportar el tiempo de su venida? ¿o quién podrá estar en pie cuando él se manifieste? Porque él es como fuego purificador, y como jabón de lavadores. Y se sentará para afinar y limpiar la plata; porque limpiará a los hijos de Leví, los afinará como a oro y como a plata, y traerán a Jehová ofrenda en justicia.* **(Malaquías 3:1-3)**

En el tiempo final, el Señor está purificando y limpiando Su iglesia para que esté lista y preparada para Su regreso. Jesús vuelve por una iglesia gloriosa. *"Cristo amó a la iglesia, y se entregó a sí mismo por ella, para santificarla, habiéndola purificado en el lavamiento del agua por la palabra, a fin de presentársela a sí mismo, una iglesia gloriosa, que no tuviese mancha ni arruga ni cosa semejante, sino que fuese santa y sin mancha"* (Efesios 5:25-27).

Hay muchas cosas en nuestra vida que necesitan ser limpiadas y purificadas antes de Su regreso.

Todos hemos sido expuestos a la contaminación y hay muchas cosas en nuestra vida con las que aún luchamos, que aún no hemos superado. Lo que es un problema para usted, puede no serlo para otro; y lo que es un problema para el que tiene al lado, puede no serlo para usted. Esta es la razón por la cual no podemos juzgar a nuestro prójimo. A veces juzgamos a otros porque luchan con algo que nosotros no.

¿Cómo es el proceso de limpieza del creyente?

Como dijimos antes, somos perdonados antes de ser limpiados. El perdón es instantáneo, pero la limpieza no. A veces, después de haber sido perdonados, de habernos arrepentido y confesado nuestros pecados, uno todavía se siente culpable. Esto se debe a que no es una cuestión de pecado, sino una cuestión de limpieza.

> *Así que, amados, puesto que tenemos tales promesas, limpiémonos de toda contaminación de carne y de espíritu, perfeccionando la santidad en el temor de Dios.* **(2 Corintios 7:1)**

La limpieza es continua porque traemos iniquidad desde el vientre materno, y somos expuestos a la contaminación a lo largo de nuestra vida. Por otro lado, el proceso de limpieza incluye la liberación y la sanidad. Usted puede ser perdonado, pero no liberado; puede ser salvo, pero no sanado. La liberación abre la puerta al proceso de limpieza continuo, que llevará al creyente a tener una conciencia limpia y dejar de pecar. Todo esto puede ocurrir junto y al mismo tiempo; pero muchas veces sucede progresivamente, por medio de la convicción que trae el Espíritu Santo.

PREGUNTA

En su proceso de limpieza, ¿cuál ha sido el área más difícil de rendir a la obra del Espíritu Santo, y por qué?

Tome un minuto para meditar su respuesta y escríbala.

¿Cómo es la convicción del Espíritu Santo?

Primero, debemos dejar claro que nadie puede ser salvo sin la convicción del Espíritu Santo. *"Y cuando él venga, convencerá al mundo de pecado, de justicia y de juicio"* (Juan 16:8).

La convicción es el acto de convencer a una persona de que ha cometido un error, e impulsarla a admitir la verdad, para entonces cambiar su corazón. La convicción no es condenación, acusación ni juicio.

El poder de convicción del Espíritu Santo ilumina la conciencia para mostrarnos el pecado en nuestra vida. Si alguien no es convencido por el Espíritu Santo, no se arrepentirá, ni cambiará. Mientras no sea convencido de algo, seguirá haciéndolo. Podemos darle consejería a la gente, pero mientras no haya convicción, no cambiará.

Solo el Espíritu Santo puede convencernos de pecado; nuestra tarea es ceder a Su convicción.

Una persona en rebelión no cederá al poder de convicción del Espíritu Santo. La convicción es una profunda apelación al corazón que nos dice que estamos desagradando a Dios y nos trae el temor de Dios para no desagradarlo. Muchas veces, el Espíritu Santo nos convence de pecado, pero no hacemos nada al respecto. Después de un tiempo, nuestro corazón se endurece y se cauteriza. Debido a esto, morimos a la justicia, porque no tenemos temor de Dios. En consecuencia, es importante reconocer esas convicciones y ceder a las mismas rindiéndonos.

La respuesta bíblica a la convicción del Espíritu Santo es arrepentimiento y rendición.

Dios usa a los predicadores para predicar la Palabra, y el Espíritu Santo usa esas palabras para convencer a los corazones y mostrar nuestras transgresiones. *"Clama a voz en cuello, no te detengas; alza tu voz como trompeta, y anuncia a mi pueblo su rebelión, y a la casa de Jacob su pecado"* (Isaías 58:1). La respuesta a la convicción siempre debe ser el arrepentimiento y la rendición; hacer un cambio genuino y sincero en el corazón y la mente; de lo contrario, el corazón se endurecerá.

PREGUNTA

¿Puede identificar áreas de su vida que ya cambiaron gracias a la convicción del Espíritu Santo, y por haber cedido a esa convicción? ¿Cuál ha sido el fruto de cambio visible que ha experimentado?

Tome unos minutos para identificar esas áreas y escriba su respuesta.

____

____

____

____

____

¿Cuál es el fruto de rendirse a la convicción del Espíritu Santo?

Miremos el ejemplo de Zaqueo. *"Habiendo entrado Jesús en Jericó, iba pasando por la ciudad. Y sucedió que un varón llamado Zaqueo, que era jefe de los publicanos, y rico, procuraba ver quién era Jesús; pero no podía a causa de la multitud, pues era pequeño de estatura. Y corriendo delante, subió a un árbol sicómoro para verle; porque había de pasar por allí. Cuando Jesús llegó a aquel lugar, mirando hacia arriba, le vio, y le dijo: Zaqueo, date prisa, desciende, porque hoy es necesario que pose yo en tu casa. Entonces él descendió aprisa, y le recibió gozoso. Al ver esto, todos murmuraban, diciendo que había entrado a posar con un hombre pecador. Entonces Zaqueo, puesto en pie, dijo al Señor: He aquí, Señor, la mitad de mis bienes doy a los pobres; y si en algo he defraudado a alguno, se lo devuelvo cuadruplicado. Jesús le dijo: Hoy ha venido la salvación a esta casa; por cuanto él también es hijo de Abraham. Porque el Hijo del Hombre vino a buscar y a salvar lo que se había perdido"* (Lucas 19:1-10). Sabemos que Zaqueo recibió la convicción de sus pecados porque hubo un cambio radical en su vida.

Recuerde, Dios solo toma lo que usted le da. Hoy en día no estamos viendo un cambio genuino de corazón porque la gente no está cediendo por completo a la convicción del Espíritu Santo. Cuando usted se arrepiente, no vuelve a hacer lo mismo. *"Así que, produzcan fruto consistente con el arrepentimiento (demostrando un nuevo comportamiento que pruebe un cambio de corazón, y una decisión consciente de apartarse del pecado)"* (Mateo 3:8 - AMP).

El fruto del arrepentimiento es el cambio.

Conclusión

Arrepentimiento es volverse de los malos caminos, darle la espalda a los pecados, iniquidades y transgresiones. Cuando nos arrepentimos, nuestros pecados son inmediatamente borrados, pero hay personas que siguen luchando con culpabilidad. Esto pasa porque necesitamos limpiar nuestro corazón. La limpieza es un proceso paulatino, mediante el cual nos vamos apartando del mal y acercándonos a Dios. El proceso de limpieza ocurre cuando el Espíritu Santo nos trae convicción. Nuestra responsabilidad es ponernos de acuerdo con Él, rendirnos y arrepentirnos. Esto producirá cambios permanentes en nuestras vidas.

Estos son los días en los que Dios está purificando a Su iglesia. Cedamos al Espíritu Santo y dejemos que Él nos cambie.

TESTIMONIO

Nausica es una reconocida periodista italiana que vivió más de cuarenta años convencida de que era homosexual, hasta que llegó a la iglesia y tuvo un encuentro con Jesús y el proceso de limpieza del Espíritu Santo transformó su vida para siempre. Leamos su testimonio:

> *"Cuando mi mamá estaba embarazada, mi papá deseaba que yo fuera varón, pero nací mujer. En mi casa no conocí el amor; mis padres solo sabían pelear. Nunca hubo diálogo ni comunicación. Mis dudas las consultaba fuera. Por ejemplo, ¿por qué me gustaban las chicas? Todos me decían que era normal, que había nacido así, y que el amor no tiene género. Crecí convencida de que Dios me había creado así. Creo que yo buscaba el amor que mi madre nunca pudo darme. No la culpo porque ella misma no lo recibió de niña. Lo único que conseguí fue pasión sexual, porque no conocía el amor verdadero. A lo largo de mi vida, desarrollé problemas de anorexia y bulimia, tabaquismo y alergias. La última novia que tuve, de padres cristianos, me llevó a la iglesia. Allí me sentí cautivada por el gran amor de Jesús. Sentí paz, una gran alegría, fuera de lo común y, mi vida comenzó a cambiar. Me bauticé y Dios me sanó las alergias y me quitó el vicio del cigarrillo sin siquiera pedírselo. Su paz fue suficiente para borrar toda ansiedad. Un día,*

en voz audible, me dijo: 'Yo he creado al hombre y a la mujer. Todo lo que está fuera de mi creación es un engaño de Satanás'. ¡Yo tenía fantasías como si fuera un hombre deseando a una mujer! En la Biblia leí que la homosexualidad es una abominación y viene de mentes perversas. Esto me hizo temblar de miedo. Entendí que si perseveraba en eso estaría del lado de Satanás, y yo quería estar del lado de Jesús. Oré a Dios y, en un instante, dejé ese mundo. Dejé a mi novia y me quedé sola. La obediencia me liberó. El Señor me ha dado una nueva familia, y mucha hambre por Su Palabra. Siete años más tarde, me siento muy bien; honrada por el llamado de Dios para servirlo. Hoy, la misión en mi vida es llevar la verdad de que no se nace homosexual. ¡Esa es una mentira del diablo! Dios nos ama y puede hacernos libres; puede borrar nuestro pecado y darnos una vida plena".

PREGUNTAS FINALES

- Por favor, conteste las siguientes preguntas:
  - ¿Con qué propósito está limpiando Jesús a la Iglesia?
  - ¿Cuál es la diferencia entre perdón y limpieza?
  - ¿Podemos ser perdonados sin haber sido aún limpiados?
  - ¿Cuál es la condición fundamental para ser limpiados?
  - ¿Qué hace la convicción del Espíritu Santo en nuestra vida?
  - ¿Cuál es el fruto de rendirse a la convicción del Espíritu Santo?

ACTIVACIÓN

- El maestro guiará a los estudiantes a hacer una oración personal donde pedirán al Espíritu Santo que traiga convicción de pecado a su vida.
- Luego, los guiará en oración a renunciar a ese pecado.
- Finalmente, ministrará liberación de toda atadura al pecado que las personas no hayan podido cortar de su vida.

TAREA

- Repase estos puntos importantes de la clase:
  - El Espíritu Santo está limpiando la iglesia, la está purificando y refinando a fin de que esté lista para el regreso de Jesús.

- El perdón es algo instantáneo, pero la limpieza es un proceso.
- La limpieza es continua porque traemos iniquidad desde el vientre de nuestra madre y somos expuestos a la contaminación del mundo.
- Podemos ser perdonados y aún necesitar liberación y sanidad, pues forma parte de la limpieza.
- Nadie puede ser salvo ni limpio sin la convicción del Espíritu Santo.
- La convicción del Espíritu Santo ilumina nuestra conciencia y nos muestra nuestro estado de pecado.
- La respuesta a la convicción del Espíritu es arrepentirse y rendirse.
- El fruto de rendirnos a esa convicción es el cambio evidente y permanente.

- ¿Tiene alguna necesidad específica? ¿Necesita un milagro creativo, una intervención divina? Haga la siguiente oración en voz alta:

  "Padre celestial, hoy vengo delante de Ti con la necesidad de mostrarte las partes más duras de mi corazón, ahí donde la convicción del Espíritu Santo aún no ha llegado porque yo le he cerrado la puerta. Hoy, por fe, abro esa puerta y permito que el Espíritu Santo haga Su obra, trayendo convicción y limpiando toda suciedad de pecado, hábitos pecaminosos, cosas que nadie sabe, pero que Tú ves. Pido Tu gracia para renunciar y Tu fuerza para sostenerme en esa decisión. Quiero ser limpio, sano, libre y lleno de Tu Santo Espíritu. Oro esto en el nombre de Jesús. ¡Amén!"

- Vuelva a leer en su Biblia, Lucas capítulo 19, versículos del 1 al 10, y conteste las siguientes preguntas:

  - ¿Quién era Zaqueo? ¿Cuál era su trabajo?
  - ¿Por qué cree que Zaqueo tenía tantas ansias de ver a Jesús, que se trepó a un árbol para verlo pasar?
  - ¿Qué hizo Jesús cuando vio la actitud de Zaqueo?
  - ¿Por qué cree que Jesús dijo que era necesario pasar por casa de este hombre al que todos despreciaban?
  - ¿Por qué cree que Zaqueo se alegró tanto al escuchar que Jesús quería ir a posar en su casa?
  - ¿Cuáles fueron los frutos de la convicción que el Espíritu Santo trajo al corazón de aquel recaudador de impuestos?

¿QUIERE CONOCER MÁS

SOBRE LOS TEMAS EN ESTE MANUAL?

FUNDAMENTOS BÍBLICOS PARA LOS NUEVOS CREYENTES

GUILLERMO MALDONADO

Todos tenemos un anhelo en nuestro corazón, pero estamos llenos de preguntas que no sabemos responder. ¡Sólo Jesús tiene las respuestas! Pero, ¿Por qué creer en Jesús? ¿Era un hombre real? ¿Realmente murió por nosotros? ¿Todavía sigue haciendo milagros?

En su libro, *"¿Por qué Creer en Jesús?"* el Apóstol Guillermo Maldonado responde todas estas interrogantes a la luz de poderosas revelaciones bíblicas. Este libro está ayudando a miles de personas en el mundo. Le gustaría a usted saber, ¿Por qué Creer en Jesús?

EL propósito de este libro es encaminar al nuevo creyente durante los primeros pasos de su vida cristiana. Todos una vez fuimos nuevos creyentes, y sabemos que uno se hace muchas preguntas, tales como: ¿qué es exactamente la salvación?, ¿por dónde empiezo?, ¿qué espera Dios de mí?, ¿cuáles son mis responsabilidades?, ¿qué puedo hacer y qué no? Y muchas preguntas más. Nuestro deseo es que ningún alma se pierda por falta de dirección y conocimiento. Este libro será de gran bendición para que usted edifique su vida cristiana.

www.shop.KingJesus.org

Para ver el catálogo completo de libros, manuales y prédicas del apóstol Guillermo Maldonado, en inglés y español, o comprar directamente de la casa editorial:

ventas@elreyjesus.org

www.shop.KingJesus.org

Ministerio Internacional El Rey Jesús

14100 SW 144 Ave. Miami, FL 33186

(305) 382-3171

www.ingramcontent.com/pod-product-compliance
Lightning Source LLC
LaVergne TN
LVHW061250100826
845148LV00008B/1078

9781615760107